U0089507

古代歷史文化研究輯刊

初 編

王明蓀 主編

第6冊

開建五等——西晉五等爵制成立的歷史考察（下）

王安泰 著

國家圖書館出版品預行編目資料

開建五等——西晉五等爵制成立的歷史考察（下）／王安泰 著
— 初版 — 台北縣永和市：花木蘭文化出版社，2009〔民98〕
目 8+196 面；19×26 公分
（古代歷史文化研究輯刊 初編；第 6 冊）
ISBN：978-986-6449-34-5（精裝）
1. 官制 2. 西晉史
573.41311   98002284

ISBN - 978-986-6449-34-5

9 789866 449345

古代歷史文化研究輯刊
初 編 第六冊   ISBN：978-986-6449-34-5

開建五等——西晉五等爵制成立的歷史考察（下）

作　　者　王安泰
主　　編　王明蓀
總 編 輯　杜潔祥
出　　版　花木蘭文化出版社
發 行 所　花木蘭文化出版社
發 行 人　高小娟
聯絡地址　台北縣永和市中正路五九五號七樓之三
　　　　　電話：02-2923-1455／傳真：02-2923-1452
網　　址　http://www.huamulan.tw 信箱 sut81518@ms59.hinet.net
印　　刷　普羅文化出版廣告事業
初　　版　2009 年 3 月
定　　價　初編 20 冊（精裝）新台幣 31,000 元
版權所有・請勿翻印

開建五等——西晉五等爵制成立的歷史考察（下）

王安泰　著

目

次

上　冊
第一章　緒　論 1
　第一節　研究動機 1
　第二節　文獻回顧 5
　第三節　章節架構 11
第二章　漢晉間封爵制度的變化 13
　第一節　東漢封爵體系及建安時期的調整 13
　　一、東漢的爵制 14
　　二、漢末建安年間封爵的特色 18
　第二節　曹魏時期封爵體系的變化 24
　　一、曹魏前期封爵途徑的擴大 27
　　二、曹魏前期封爵的特色 30
　　三、曹魏後期政局的演變與受爵者身份的變化 31
　第三節　魏晉之際的改革 35
　　一、漢魏士人對五等爵的提倡 35
　　二、咸熙五等爵制的施行 36
　　三、晉武帝期間的調整 40
　　四、晉惠帝以後爵制之紊亂 42
　　五、西晉五等爵的特色 44
第三章　五等爵制的運作 53
　第一節　地理分佈 54
　　一、封國的分佈 54

二、封國在各州的比例·····················56
三、對封地大小的限制·····················57
四、受封爵者本籍與封國的對照·········58
五、小　結······························63
第二節　五等爵的開國制度·················64
一、授茅土······························64
二、輿地圖······························66
三、國　相······························68
四、家　臣······························69
五、置　軍······························72
六、其　他······························73
七、結　論······························74
第三節　食邑與財政制度·················75
一、占田課田與戶調的定義···············76
二、西晉每年租調的總收入計算···········78
三、西晉諸侯奉秩的計算·················81
四、西晉諸侯的奉秩總數·················82
五、西晉官俸的總額·····················83
六、西晉諸侯奉秩占全國之比例···········85
七、未能計算與考慮之部分···············86
八、小　結······························88
第四章　西晉禮法秩序與官僚體系下的五等爵制 105
第一節　五等爵在爵制秩序中的安排·········106
一、五等爵之等級與禮儀秩序·············107
二、五等爵的輿服制度·················115
三、其　他····························120
四、小　結····························121
第二節　西晉禮儀中對五等爵的規定·········123
一、吉　禮····························125
二、凶　禮····························131
三、軍　禮····························141
四、賓　禮····························142
五、嘉　禮····························145
六、結　語····························151
第三節　西晉法律對五等爵的相關規定·········153
一、西晉律令的特色及其與五等爵的關係···153

　　二、西晉律令對封爵之規定⋯⋯⋯⋯⋯⋯ 155
　　三、違　　禮⋯⋯⋯⋯⋯⋯⋯⋯⋯⋯⋯⋯ 157
　　四、違　　法⋯⋯⋯⋯⋯⋯⋯⋯⋯⋯⋯⋯ 161
　　五、結　　論⋯⋯⋯⋯⋯⋯⋯⋯⋯⋯⋯⋯ 165

下　冊
第五章　魏晉爵制變革的意義⋯⋯⋯⋯⋯⋯⋯ 173
　第一節　漢晉間爵制發展的歷程⋯⋯⋯⋯⋯ 173
　　一、以封爵性質分類⋯⋯⋯⋯⋯⋯⋯⋯⋯ 173
　　二、從爵位類別分析⋯⋯⋯⋯⋯⋯⋯⋯⋯ 175
　　三、西晉五等爵的特殊意義⋯⋯⋯⋯⋯⋯ 180
　第二節　士族與五等爵的關係⋯⋯⋯⋯⋯⋯ 182
　　一、漢魏士人對爵制日趨關心之因⋯⋯⋯ 182
　　二、魏晉時期士族的特殊待遇⋯⋯⋯⋯⋯ 183
　　三、士族復五等爵制的分析⋯⋯⋯⋯⋯⋯ 189
　　四、西晉士族的理想性⋯⋯⋯⋯⋯⋯⋯⋯ 191
　第三節　五等爵與皇權的關係⋯⋯⋯⋯⋯⋯ 192
　　一、皇權與爵制運作的關係⋯⋯⋯⋯⋯⋯ 193
　　二、皇權廣泛授與功臣士族爵位的原因⋯ 195

第六章　結　　論⋯⋯⋯⋯⋯⋯⋯⋯⋯⋯⋯⋯ 201

徵引書目⋯⋯⋯⋯⋯⋯⋯⋯⋯⋯⋯⋯⋯⋯⋯⋯ 207

附表目次
　表2101　東漢中後期賣官鬻爵事件表⋯⋯⋯⋯ 47
　表2102　漢末建安年間封爵人數表⋯⋯⋯⋯⋯ 47
　表2201　曹魏時期大封功臣事件表⋯⋯⋯⋯⋯ 48
　表2202　曹魏時期封爵人數表⋯⋯⋯⋯⋯⋯⋯ 48
　表2203　漢末建安年間與曹魏時期封爵人數對照表
　　　　　⋯⋯⋯⋯⋯⋯⋯⋯⋯⋯⋯⋯⋯⋯⋯ 49
　表2301　西晉五等封爵人數表⋯⋯⋯⋯⋯⋯⋯ 49
　表2302　咸熙元年五等爵食邑與地方比較表⋯ 50
　表2303　曹魏配饗太祖廟庭功臣表⋯⋯⋯⋯⋯ 50
　表2304　泰始元年大次小國食邑與兵數表⋯⋯ 51
　表2305　咸熙元年與泰始元年封爵官品比較表⋯ 51
　表3101　曹魏西晉時期受爵者封地分佈表⋯⋯ 90
　表3102　曹魏西晉時期受爵者本籍分佈表⋯⋯ 91

表 3103 曹魏西晉時期受爵者封國與本籍對照表 92

表 3104 泰始元年封國占州郡行政單位比例表 92

表 3105 太康元年封國占州郡行政單位比例表 93

表 3201 曹魏時期諸侯王、公主、王太妃家臣表 94

表 3202 西晉諸侯王與五等爵國官表 95

表 3203 東晉諸侯王與五等爵國官表 97

表 3204 《晉書‧地理志》所載有國相者與魏晉封
　　　　爵重合者表 98

表 3205 泰始元年大次小國制度比較表 99

表 3206 咸寧三年大次小國及五等爵制度比較表 99

表 3207 咸寧三年所行同姓推恩制度表 99

表 3208 西晉爵制開國相關制度對照表 100

表 3301 泰始元年全國諸侯俸秩支出總數表 100

表 3302 太康元年全國諸侯俸秩支出總數表 101

表 3303 泰始元年官員年俸支出總數表 101

表 3304 太康元年官員年俸支出總數表 101

表 3305 泰始元年官員年絹支出總數表 102

表 3306 泰始元年全國租調收入表 102

表 3307 太康元年全國租調收入表 102

表 3308 泰始元年與太康元年諸侯占全國租調收入
　　　　比例表 103

表 4101 西晉五等爵制度規範表 167

表 4102 儒家經典所載五等爵相關制度表 168

漢末魏晉封爵總表 221

一、縣　侯 221

二、鄉　侯 232

三、亭　侯 241

四、列　侯 256

五、關內侯 262

六、名號侯 269

七、關中侯 270

八、公 271

九、侯 279

十、伯 287

十一、子 289

十二、男 291

附圖目次

圖一　西晉爵制與官品、官僚身份對照圖⋯⋯⋯　185

曹魏西晉時期封地分佈圖

1. 曹魏黃初初年（西元 220-222 年）司州封
　地分佈圖⋯⋯⋯⋯⋯⋯⋯⋯⋯⋯⋯⋯　293
2. 曹魏黃初初年兗州、豫州、揚州封地分布
　圖⋯⋯⋯⋯⋯⋯⋯⋯⋯⋯⋯⋯⋯⋯⋯　294
3. 曹魏黃初初年青州、徐州封地分布圖　295
4. 曹魏黃初初年冀州、并州封地分佈圖⋯⋯　296
5. 曹魏黃初初年幽州封地分佈圖⋯⋯⋯⋯　297
6. 曹魏黃初初年雍州封地分佈圖⋯⋯⋯⋯　298
7. 曹魏黃初初年涼州封地分佈圖⋯⋯⋯⋯　299
8. 曹魏黃初初年荊州封地分佈圖⋯⋯⋯⋯　300
9. 曹魏黃初初年（蜀漢）益州北部封地分佈
　圖⋯⋯⋯⋯⋯⋯⋯⋯⋯⋯⋯⋯⋯⋯⋯　301
10. 曹魏黃初初年（孫吳）揚州封地分佈圖⋯　302
11. 曹魏黃初初年（孫吳）荊州封地分佈圖⋯　303
12. 曹魏甘露三年（西元 258 年）司州封地分
　佈圖⋯⋯⋯⋯⋯⋯⋯⋯⋯⋯⋯⋯⋯⋯　304
13. 曹魏甘露三年兗州、豫州、揚州封地分佈
　圖⋯⋯⋯⋯⋯⋯⋯⋯⋯⋯⋯⋯⋯⋯⋯　305
14. 曹魏甘露三年青州、徐州封地分佈圖　306
15. 曹魏甘露三年冀州、并州封地分佈圖　307
16. 曹魏甘露三年幽州封地分佈圖⋯⋯⋯⋯　308
17. 曹魏甘露三年雍州封地分佈圖⋯⋯⋯⋯　309
18. 曹魏甘露三年涼州封地分佈圖⋯⋯⋯⋯　310
19. 曹魏甘露三年荊州封地分佈圖⋯⋯⋯⋯　311
20. 曹魏甘露三年（蜀漢）益州北部封地分佈
　圖⋯⋯⋯⋯⋯⋯⋯⋯⋯⋯⋯⋯⋯⋯⋯　312
21. 曹魏甘露三年（孫吳）揚州封地分佈圖⋯　313
22. 曹魏甘露三年（孫吳）荊州封地分佈圖⋯　314
23. 曹魏咸熙元年（西元 264 年）司州封地分
　佈圖⋯⋯⋯⋯⋯⋯⋯⋯⋯⋯⋯⋯⋯⋯　315
24. 曹魏咸熙元年兗州、豫州、揚州封地分佈
　圖⋯⋯⋯⋯⋯⋯⋯⋯⋯⋯⋯⋯⋯⋯⋯　316
25. 曹魏咸熙元年青州、徐州封地分佈圖⋯⋯　317
26. 曹魏咸熙元年冀州、并州封地分佈圖　318

27. 曹魏咸熙元年幽州封地分佈圖 ·············· 319
28. 曹魏咸熙元年雍州封地分佈圖 ·············· 320
29. 曹魏咸熙元年涼州封地分佈圖 ·············· 321
30. 曹魏咸熙元年荊州封地分佈圖 ·············· 322
31. 曹魏咸熙元年益州北部封地分佈圖 ·········· 323
32. 曹魏咸熙元年（孫吳）揚州封地分佈圖 ···· 324
33. 曹魏咸熙元年（孫吳）荊州封地分佈圖 ···· 325
34. 西晉泰始年間（西元 265-274 年）司州封
    地分佈圖 ·································· 326
35. 西晉泰始年間兗州、豫州封地分佈圖 ······ 327
36. 西晉泰始年間冀州、并州封地分佈圖 ······ 328
37. 西晉泰始年間幽州、平州封地分佈圖 ······ 329
38. 西晉泰始年間雍州、秦州封地分佈圖 ······ 330
39. 西晉泰始年間涼州封地分佈圖 ·············· 331
40. 西晉泰始年間梁州、益州封地分佈圖 ······ 332
41. 西晉泰始年間青州、徐州封地分佈圖 ······ 333
42. 西晉泰始年間荊州封地分佈圖 ·············· 334
43. 西晉泰始年間揚州封地分佈圖 ·············· 335
44. 西晉太康年間（西元 280-289 年）司州封
    地分佈圖 ·································· 336
45. 西晉太康年間兗州、豫州封地分佈圖 ······ 337
46. 西晉太康年間冀州、并州封地分佈圖 ······ 338
47. 西晉太康年間幽州、平州封地分佈圖 ······ 339
48. 西晉太康年間雍州、秦州封地分佈圖 ······ 340
49. 西晉太康年間涼州封地分佈圖 ·············· 341
50. 西晉太康年間梁州、益州封地分佈圖 ······ 342
51. 西晉太康年間青州、徐州封地分佈圖 ······ 343
52. 西晉太康年間荊州封地分佈圖 ·············· 344
53. 西晉太康年間揚州封地分佈圖 ·············· 345
54. 西晉永康元年至建興四年間（西元
    299-316 年）司州封地分佈圖 ··········· 346
55. 西晉永康元年至建興四年兗州、豫州封地
    分佈圖 ···································· 347
56. 西晉永康元年至建興四年冀州、并州封地
    分佈圖 ···································· 348
57. 西晉永康元年至建興四年幽州、平州封地
    分佈圖 ···································· 349

58. 西晉永康元年至建興四年雍州、秦州封地
　　分佈圖 ……………………………………… 350

59. 西晉永康元年至建興四年涼州封地分佈
　　圖 …………………………………………… 351

60. 西晉永康元年至建興四年梁州、益州封地
　　分佈圖 ……………………………………… 352

61. 西晉永康元年至建興四年青州、徐州封地
　　分佈圖 ……………………………………… 353

62. 西晉永康元年至建興四年荊州封地分佈
　　圖 …………………………………………… 354

63. 西晉永康元年至建興四年揚州封地分佈
　　圖 …………………………………………… 355

64. 曹魏黃初初年（西元 220-222 年）縣級封
　　地分佈全圖 ………………………………… 356

65. 曹魏甘露三年（西元 258 年）縣級封地分
　　佈全圖 ……………………………………… 357

66. 曹魏咸熙元年（西元 264 年）縣級封地分
　　佈全圖 ……………………………………… 358

67. 西晉泰始年間（西元 265-274 年）縣級封
　　地分佈全圖 ………………………………… 359

68. 西晉太康年間（西元 280-289 年）縣級封
　　地分佈全圖 ………………………………… 360

69. 西晉永康元年至建興四年（西元 299-316
　　年）縣級封地分佈全圖 …………………… 361

70. 曹魏黃初初年（西元 220-222 年）郡級封
　　地分佈全圖 ………………………………… 362

71. 曹魏甘露三年（西元 258 年）郡級封地分
　　佈全圖 ……………………………………… 363

72. 曹魏咸熙元年（西元 264 年）郡級封地分
　　佈全圖 ……………………………………… 364

73. 西晉泰始年間（西元 265-274 年）郡級封
　　地分佈全圖 ………………………………… 365

74. 西晉太康年間（西元 280-289 年）郡級封
　　地分佈全圖 ………………………………… 366

75. 西晉永康元年至建興四年（西元 299-316
　　年）郡級封地分佈全圖 …………………… 367

第五章　魏晉爵制變革的意義

　　本章主要以幾個角度探討五等爵制在魏晉之際變革的意義，及其當時政治秩序的關係。首先由封爵制度本身觀察，西晉五等爵的施行，所代表的除了恢復儒家經典外，爵級的增加以及封爵途徑的擴大，使得受封者的階層與屬性發生何種改變進行討論。其次從士人的角度，分析士大夫對爵制日趨關心的原因；並藉由爵制的改變，如襲爵標準的寬鬆、奪爵情形的減少等方面，來說明西晉士人在「諸侯」身份上的特點；同時說明士人除了「全家保門第」之外，仍具備治國平天下的理想。另外，從五等爵及其相關制度的設計，來觀察在西晉政治體系中，皇權的角色及定位為何，及其是否具備掌控封賜或剝奪士族爵位的干預能力。經由以上從爵制本身、士族與皇權三個角度，試圖釐清西晉五等爵制發展的歷程。

第一節　漢晉間爵制發展的歷程

　　由漢魏時期的列侯，到魏末晉初的五等爵，中國古代的「爵制」發生了相當巨大的變化。其中爵位層級的變化，以及制度改變所代表的意義，則是考察魏晉爵制的重要面向。本節即以封爵性質與爵位本身加以分析，試圖探討五等爵在當中所扮演的角色。

一、以封爵性質分類

1. 諸侯王及同姓諸侯

　　東漢之諸侯王，常被時人比擬為古代諸侯，雖無封地內之軍政實權，其仍有相當崇高的身份地位。至曹魏立國，猜忌宗室，諸侯王雖皆就國，形同

禁錮，所謂「王侯皆思爲布衣而不能得」，[註1] 處境可謂甚爲淒涼，然「王」仍具有很高的身份，武帝重新給予諸侯王較多的權力與地位，諸侯王可任官領軍，至惠帝時還可掌握朝政；但實際上，諸侯王之地方軍政權力是來自於其官職，即州刺史與都督諸軍事，「王」的身份仍無實權，大抵與東漢無太大差異。[註2]

2. 軍功封爵

　　東漢仍以軍功爵爲主要之封爵方式，且行之有年，軍功封爵體系相對完整，較不易受政治所左右。但東漢中後期政治紊亂，到漢末建安年間，曹操重新以軍功爲封爵主軸，甚至以調整爵級的方式，試圖整頓軍功爵。在曹魏時期，由於現實因素的考量，普遍封爵與事功封爵也應運而生，不過戰爭在未息，又仍以列侯爲最高爵級的情形下，軍功封爵尚有其重要性。至魏晉之際，開建五等後，除了平吳之役外，晉武帝時未有以軍功封五等爵者；在正常情況下，武帝年間立軍功者最高只能封爲三品縣侯，而無法爲二品以上五等爵。東漢軍功封爵者最高亦只能封爲縣侯，但東漢縣侯爲封爵之最高級，而西晉縣侯之上還有五等爵，其地位相對降低，也象徵了軍功封爵在西晉的重要性有所下降。

3. 事功及普遍封爵

　　東漢已偶有事功封爵的情形，不過在時人的理解中，似屬恩澤侯的範圍，未見新皇帝即位，普封群臣（中高級官僚）之例。至魏文帝始行普遍封爵，曹魏又有許多因事功封爵的情況，封爵限制的放寬，使得原本無立軍功機會之行政官僚，封爵體系由立軍功者（武官）爲主到行政（文官）與軍事（武官）官僚並存，封爵生態發生變化。至開建五等後，除咸熙元年、泰始元年兩次大封，與太康元年平吳之役，晉武帝年間少有因普遍進封與事功而爲五等爵者。許多文官雖然無法進封五等爵，多具有縣鄉亭侯之爵；尤其是五品以上官員，其地位相當於「大夫」，爲國家重要成員，又與亭侯（五品）以上之品相符，因而多有列侯之爵。至惠帝以後，因政局紊亂，賈后與諸王相繼干政，普遍與事功封爵所在多有，且多至五等爵者；然而當其所屬諸侯王失

[註1]　《三國志》，卷20，〈魏書・武文世王公傳〉裴注引《袁子》，頁592。

[註2]　唐長孺指出西晉諸侯王權力的擴張，是因爲宗室可出任地方之行政與軍事長官，而非「王」地位之上升，參唐長孺，〈西晉分封與宗王出鎮〉，收入唐長孺，《魏晉南北朝史論拾遺》，頁127-130。

勢之時，這些受爵者多遭奪爵位，東晉後期事功與普遍封爵的標準與認定，受政治之影響更大。總之，由於五等爵的加入，使得事功與普遍封爵更有彈性（三品縣侯以下皆可），也使得西晉封爵人數更加氾濫。

4. 恩澤侯

漢代尚無新皇帝即位便普遍封爵的情形，因事功封爵之例亦少見（歸於恩澤侯），除宗室、軍功封爵者外，其他各種原因的封爵，如宦官、外戚、帝師等，大抵皆可稱爲恩澤侯。即漢代封爵者除軍功外，只有恩澤一途可循。至漢末建安年間，由於時局動盪，加上曹操崇尚軍功，在建安十一年將「以恩澤爲侯者皆奪封」，〔註3〕恩澤侯在建安中後期幾乎斷絕。至曹魏建國，雖又有恩澤侯的出現，但事功與普遍封爵也同時產生，使得恩澤侯之重要性大幅降低。到了曹魏後期，乃至於設立五等爵，受封爵者大多並無軍功，而爲事功，或云擁立司馬氏之功，因此封五等爵者多非恩澤侯，西晉之恩澤侯主要應以外戚爲主，如楊駿，其勢力與比例皆不如東漢。

所謂「恩澤」，即封爵者與皇帝有較密切之關係，皇帝因而給予爵位，這是皇帝相對較爲主觀與直接的意志，臣下較無從置喙；而「事功」與「普遍」封爵，則是依據官僚之政績與新皇帝即位之時，依照年資、當時官位等各種條件而有不同程度的進封或受爵，雖與軍功相較，更可能受政治與皇權的影響，但與「恩澤」相比，皇帝必須更尊重官僚集團整體，並作較爲妥善的封爵秩序安排。也就是說，恩澤侯重要性的下降，象徵封爵與皇帝的關係相對減弱，士族對封爵的體系與內容有較多的影響力，但皇帝仍有最後裁定之權。

二、從爵位類別分析

1. 五等爵

五等爵是否曾經在西周施行過，直至今日尚未有明確的定論。史料可見明確施行五等爵者，目前仍以王莽爲最早。但王莽施行不久即告失敗，可說只是一場短暫的實驗。因此，開建五等之際，對五等爵的認知，只有儒家經典記載、漢魏諸儒之解及王莽之例可供參考。

在魏晉五等爵制推行之初，一方面因無「故事」可以因循，只好結合經典解釋與漢魏列侯制度來加以制定；另一方面由於當時政治環境的影響，在部分

〔註3〕《後漢書》，卷54，〈楊震附彪傳〉，頁1789。

規定上亦有較特別的情形。首先，五等爵歸屬於一、二品，列侯屬於三品以下，其原因恐怕還是在於西晉君臣打算藉由爵的等級來區別士族的高下，並顧及舊有列侯，因而與經典有所差異。其次，《周禮》中規定，公九命，侯伯七命，子男五命，〔註4〕將命視同為品，則公應為一品，侯伯為三品，子男為五品，共為三等；在某些體系公侯伯子男各為一級，以公侯伯子男為不同之品亦可，即共五等。但西晉之制是將公置一品，侯伯子男置二品，等於只有二等，既與經典不同，也異於「五等」之原意，其因可能與當時政治形勢有關。魏末晉初所推行者為全面的改制，並非只有爵制一項，在禮、官制等項皆以「公 —— 卿 —— 大夫 —— 士」為劃分標準的情形下，要如何在爵制上作同樣的區隔，也成為需考慮的部分。因此，將漢魏的列侯分別置於三、四、五品，對應於「大夫」；關內名號侯、關外侯置於六、七品，八、九品無爵，對應於「士」。在這種情形下，五等爵在經典與士人心目中之地位原較列侯為高，又為當時功臣之爵，其地位自然較高，故置於一、二品，對應於「公」；此外，官制中的三公又為一品，故公必須在一品，而將侯伯子男置於二品。如此一來，爵制不僅僅是併於官品體系之中，同時亦可與官制並排於官僚秩序之中，使得當時之國家秩序安排更加完備。類似的情形亦發生於東晉南朝。東晉南朝（除陳以外）的官僚構成，除了新政權及其功臣外，大部分仍繼承前朝之官僚與舊臣體系，因此要如何安置其功臣，使其與舊臣在爵位上有所區別又不剝奪舊臣之權，便成為皇權考慮的焦點之一。不過東晉劉宋未如西晉以另設新爵的方式安置功臣，而是廢除前朝之所有封爵，藉由重新確認封爵的方式來進行。因此，舊臣之爵以五等爵為主被剝奪或降爵，新皇權之功臣多成為五等爵的擁有者，如此一來，在爵位未增加或異動的情形下，又達到了重新調整官僚秩序的作用。〔註5〕因而在東晉及劉宋之時，五等爵仍維持在二品以上。〔註6〕至蕭梁推行十八班，參考北魏

〔註4〕《周禮》，卷21，〈春官典命〉，頁135。

〔註5〕至於當時為何不趁機調整爵序排列（如北魏或陳），或創設新爵（如西晉），可能是為了照顧當時廣大之前朝臣子。如同曹魏西晉時期，東晉南朝之舊臣甚多，若貿然改動甚至廢除，對這些舊臣政治地位與官僚身份的影響甚大；且當時皇權之力量亦不如曹魏西晉時期（如荊州並非其有效控制範圍）；加上五等爵已為一、二品，除非改動官品，否則無另設新爵之空間。所以當時新設或改動爵制並非其首要考量。

〔註6〕據《通典‧職官十九》所載〈宋官品〉，未云五等爵之位次，然就縣鄉亭侯仍為三四五品的情形來看，劉宋之爵與晉制似未有太大差異，五等爵應仍位於一、二品當中。而《通典》未載蕭齊之官品，閻步克曾將關於齊官品之史料

之制，〔註7〕調整五等爵之位次，〔註8〕已與西晉五等爵之安排相異。至梁末大亂，陳霸先掌權之際，除其功臣之外，舊梁臣或死或亡，荊州亦大受影響；因此在陳建國之際，前朝可謂甚少，所遭遇的可能阻力降低，爵制調整成爲可行之道。故陳之爵制，王爲一品，公侯伯子男分別爲二三四五六品，湯沐食侯爲七品，鄉亭侯八品，關中、關外侯爲九品。〔註9〕而北魏建國之際，更無所謂前代舊臣之累，其爵制雖一如西晉用五等爵，其排序已有所不同。由北魏中期所頒佈的職令來看，公爲一品，侯爲二品，伯爲三品，子爲四品，男爲五品，諸名號侯亦爲五品，已無列侯與關內、關中侯之跡。〔註10〕總之，到了南北朝時期，雖然公侯伯子男所對應的官品各有差異，五等爵從原本侯伯子男對應同一品的橫向排序，轉爲一等對應一品的縱向排序。〔註11〕至隋唐以後，公侯伯子男的排列仍分爲數等，不再出現位於同一品級的情形，可知西晉將五等爵置於同一序列，有其特殊原因。

此外，西晉時期的五等爵重點只在公侯，伯子男雖有其爵，但並未開國，又不得置軍，似有其名而無其實。〔註12〕因此，若暫時移除伯子男之爵，則

加以整理，發現齊官品大體與晉宋之制雷同，或蕭齊五等爵品之制仍同於晉宋。參閻步克，〈南齊官品拾遺〉，收入閻步克，《品位與職位——秦漢魏晉南北朝官階制度研究》，頁295。

〔註7〕 閻步克認爲，蕭梁之設立十八班官品，實亦參考北魏九品正從之制，參閻步克，〈北魏對蕭梁的官階制反饋〉，收入閻步克，《品位與職位——秦漢魏晉南北朝官階制度研究》，頁360-409。

〔註8〕 根據《隋書·百官志》，「五等諸公，位視諸公，班次之」，諸公爲十八班，班次之則同爲十八班或十七班；「開國諸侯，位視孤卿、重號將軍、光祿大夫，班次之」，左右光祿大夫爲十六班，金紫光祿大夫爲十四班，光祿大夫爲十三班，則開國侯之班似在十六班至十三班之間；「開國諸伯，位視九卿，班次之」，九卿分佈於十四班至九班之間，則開國伯之班似亦在其中；「開國諸子，位視二千石，班次之」，「開國諸男，位視比二千石，班次之」，則開國子、開國男之班次亦有所等差。據此，則公侯伯子男各位於不同之班次當中，已與西晉之制相異。

〔註9〕 《隋書》，卷27，〈百官志上〉，頁748。

〔註10〕 北魏所公布之職令中，開國郡公爲一品，開國縣公、散公爲從一品，故將公同視爲一品；侯伯子男也分爲開國爵與散爵，亦視爲同一品。至於在孝文帝之前，只知北魏已行五等之爵，一度曾減爲三等（不計王爵），而與官品的對應不詳。參《魏書》，卷113，〈官氏志〉，頁2994-2998。

〔註11〕 楊光輝指出，除陳以外，五等爵「品秩皆在官品第五以上」，然伯子男爵由西晉之二品降爲三至五品，亦爲事實，兩者並不衝突。參楊光輝，〈官品、封爵與門閥制度〉，頁94。

〔註12〕 陳寅恪指出，咸寧三年的新制「封國實際只有王、公、侯三等，伯子男在支

公爲一品，侯爲二品，似較能反映出當時的政治安排。

2. 列侯（縣鄉亭侯）

　　列侯在漢代是二十等爵中的最高級，如徐復觀先生所言「此身份地位（列侯），乃表示進到以皇室爲中心的統治集團，與皇室有密切的關係」，〔註 13〕即漢代的列侯身份與權力雖不如西周之諸侯，仍有其重要性。此外，漢代列侯的取得多以軍功或恩澤二途爲主，一爲對國家有重大貢獻，一爲與皇帝有密切關係，也就是說，在漢代要成爲列侯，必須爲國家立軍功或與皇權建立關係（軍功或恩澤），皇權的主動性相對重要。在曹魏時期，列侯仍爲爵位中之最高級，在五等爵尚未出現的情形下，甚至也有如高堂隆將列侯比擬爲五等爵者，可知列侯在當時仍受到相當的重視。到了西晉，五等爵居於列侯之上，成爲新的高爵，列侯之地位相對下降，變成賜與諸侯支子及次等士族之爵。〔註 14〕不過在西晉時期，縣鄉亭侯仍繼承了許多漢魏以來對封爵的特殊待遇，如金印紫綬、死後稱薨等；換句話說，魏末晉初的改制是在保留大部分列侯制度與待遇的原則下，增加了五等爵之序列。相較之下，列侯的地位在南朝日益下降，〔註 15〕北朝與隋唐已無列侯爵位。也就是在五等爵新成立的過程中，由於現實考量，列侯尚有過渡作用，因此國家尚須保留列侯之待遇；等到過渡因素消逝之後，列侯之爵自無保留之必要，後代的爵制便正式以五等爵爲中心運作。

　　至於其過渡原因，由於魏晉建國都是以「禪讓」形式完成，因此官僚集團都包含前朝舊臣。漢末建安年間形成的官僚體系多爲支持曹氏者，因此曹魏時期的情形尚不嚴重；但西晉建國模式則略有不同，曹魏後期司馬氏父子大力掃蕩擁曹的支持者，但當時受爵者仍包含許多未明確表態之文武官僚，許多人在各地亦有其地方勢力（豪族），若貿然剝奪其爵，直接施行五等爵，

　　庶以土推恩受封中，才可見到」。不過陳氏所指爲咸寧三年以後之制，疑泰始元年即已如此。參陳寅恪，《陳寅恪魏晉南北朝史講演錄》（合肥：黃山書社，1987），頁 40-41。

〔註 13〕　徐復觀，〈漢代專制政治下的封建問題〉，收入徐復觀，《兩漢思想史（第一卷）》（上海：華東師範大學出版社，2001），頁 96-119。

〔註 14〕　張學鋒亦認爲「與漢魏的列侯相比，西晉列侯的地位則相對下降了」，參張學鋒，〈西晉諸侯分食制度考實〉，頁 32。

〔註 15〕　蕭梁時期，僅云食邑千户以上列侯置家丞、庶子員，未云其班次爲何；至陳則鄉亭侯位於八品，較之西晉鄉侯四品、亭侯五品，下降甚多。

可能會步上王莽迅速敗亡的後塵。因此在開建五等之際，保留列侯的爵位與待遇，一方面藉由五等爵提升司馬氏功臣的地位，另一方面則維持列侯身份，來安撫、籠絡這些「舊臣」之心，維持國家與官僚秩序的穩定。

3. 關內侯、名號侯、關中侯等

　　兩漢時期，關內侯是二十等爵中的第十九級，僅次於列侯，有食邑而無封地，不得世襲，因有食邑的特性，仍被視為高爵體系一環。〔註16〕到了東漢中後期，關內侯成為賣官鬻爵的項目之一，其人數更加氾濫。至曹操主政以後，為了提倡軍功，便在列侯、關內侯以下，新設了十八級名號侯、十七級關中侯、十六級關外侯與十五級五大夫，加上原有的列侯、關內侯，取代舊有的二十等爵，成為新的軍功封賞體系。在曹魏初年至咸熙元年改制之間，未聞此制有所改變，實際上可見封關中侯者，故在曹魏時期，關內侯至五大夫的爵制似仍存在。此外，關內侯在曹魏時期似已可世襲，當時士族不論是普遍封爵或是事功封爵，有許多曾封為關內侯之例，當時的制度大概是以關內侯為區分標準，關內侯與列侯是士族（與中高層將帥）可以獲得之爵，皆可世襲，主要差別在於有無封地；名號侯、關中侯以下，則是地位較低者所得之爵。〔註17〕如鄭像等人之身分為兵士，所為雖獲得褒揚，因其身份關係，僅能獲得關中侯之賜；而士族未見獲名號侯、關中侯以下爵，皆為其證。〔註18〕也就是說，曹魏時期爵制高低的界線，在於關內侯與名號侯、關中侯之間，關內侯以上則為「高爵」，即高官之爵；名號、關中侯以下則為下級官員、兵士之爵，與東漢時期相較，變動不算太大。而到了魏晉之際，在新官品、官爵制度的推動下，列侯分居三、四、五品，而關內侯、名號侯位於六品，關中侯位於七品，〔註19〕八、九品則無爵。前已論及列侯所代表者為次等士族

〔註16〕「官爵」是相較於「民爵」與「吏爵」來說的，朱紹侯、柳春藩等學者已使用此種分類方式，參朱紹侯，《軍功爵制研究》；柳春藩，《秦漢封國食邑賜爵制》。

〔註17〕守屋美都雄認為，曹魏的封爵可分為上級爵與下級爵，上級爵包含五等爵與列侯、關內侯，下級爵則為名號侯以下，即建安二十年所設之新爵。按守屋美氏認為關內侯為上級爵，所言極是，然曹魏在咸熙元年之前似未施行五等爵（說詳本章第三節），故上級爵應僅包含王、公、列侯與關內侯。參守屋美都雄，〈曹魏爵制に關する二三の考察〉，頁214-249。

〔註18〕至於名號侯與關中侯以下是否可以傳襲，則目前似未有史料可以證明。

〔註19〕根據《通典》所載，第七品為關外侯，但在史籍記載當中，未見關外侯之名，而常有關中侯之爵，故姑以關中侯論之。

之爵，而關內名號侯、關中侯位於六、七品，則似代表較更低身份之士族、寒門，或是次等士族的親屬，即皇帝賜爵範圍者，其地位相對較低，在輿服、禮法各方面較列侯爲低；但相對來說，這些擁有關內名號侯、關中侯的中下階層官僚，在各方面的待遇雖不如三、四、五品的次等士族官僚，仍較八、九品或不入品之官僚爲優。至於西晉之關內名號侯與關中侯是否可以襲爵，則史無明文，不甚確定。也就是說，西晉時期區分中級與下級爵位的界線，轉變爲五品之亭侯與六品之關內名號侯之間。關內侯原本與列侯爲高級官僚之爵，至西晉由於爵級的增加，降爲較低層官僚之爵，亦爲變化之一。

自漢末至西晉，關內侯以下之爵經歷了兩次變化，由於爵制秩序與官僚秩序逐漸受到重視，加上封爵途徑的增加，軍功不再是唯一，使得關內侯以下爵之重要性與位階相對下降。

三、西晉五等爵的特殊意義

在西漢建立後，大封功臣一百三十七人；〔註20〕至東漢光武帝平定群雄後，亦封三百六十五人爲列侯。〔註21〕在「無功不侯」的原則下，不管這些人的家族背景爲何，功臣大多因軍功而封爵，偶有外戚、恩澤侯，也成爲兩漢初期重要的政治集團。至漢末建安年間，曹操專政，再度強調軍功，即所謂「有事賞功能」，軍功成爲當時封爵的主要途徑，而受爵者幾爲領軍作戰的豪族，另有部分對軍國大事有貢獻者，如荀彧、郭嘉等，亦可受封，以行政職爲主的士大夫少有受封者。也就是說，曹操在建安年間所採取的政策，兩漢初年並無二致。但在曹魏代漢之時，當時的「功臣」似乎以行政官僚爲主，另包含部分將領，因此在曹丕即位之初，打破了過去「無功不侯」的限制，冊封許多行政官僚爲侯，形成士族與豪族依不同途徑封爵的情形，且兩者所能到達的封爵上限皆同爲縣侯。隨著時間推移，士族在曹魏政權的重要性及勢力日漸提升，至高平陵政變後，司馬氏一派的威望更加提高，其恢復五等爵的呼聲更加提高。漢末魏初以軍功封爵的功臣多已過世，其繼承者少有續立軍功的機會，士族在普遍或事功封爵的原則下，至正元、景元年間，多已封至縣侯，沒有再晉升的機會，與軍功爵者同爲列侯。單從封爵體系無法區別其高下，加上儒家經典所載之五等爵制，一直是士族欲施行的理想，與當

〔註20〕 《史記》，卷18，〈高祖功臣侯者年表〉司馬貞《索隱》，頁878。
〔註21〕 《後漢書》，卷1，〈光武帝紀〉，頁62。

時的列侯、關內侯不相符。因此曹魏爵制在理想上與現實上都無法滿足當時士族的需求，因此推行五等爵似為當時之最佳選擇。

由於五等爵是出現於王朝禪代之際，因而產生了許多特殊之處。首先是列侯與關內侯並非儒家經典所述，與五等爵多無關係，不過在當時政治背景的考量下，仍加以保留形成新舊爵制並存的局面。其次，五等爵既稱為「五等」，理應分為五或三等不同位階，而統治者為將五等爵與列侯作出區隔，進而達到「區分等級」的目的，將伯子男與侯並置於二品，使「五等」爵在實際上常未依「五」或「三」分類，形成雜亂局面」。再次，咸熙改革既然名為恢復周制，而西周五等爵重要精神在於「封建」，則五等爵理應擁有地方軍政實權，實際上西晉五等爵制的規定，只有在一般的輿服與禮法上採取周制，在關係到國家權力與官僚秩序方面，則採取「漢魏故事」或配合當時需求。由此看來即恢復周制似僅為西晉改制正當化的理由之一及漢魏以來士人理想的實踐，其精髓仍為漢魏以來之中央集權（郡縣制），而非遵循西周舊法（封建制）。

總之，在魏末晉初的封爵體系上，有參考周制的部分，如公侯伯子男之名、典禮制度的安排；有參考漢魏故事的部分，如金印紫綬進賢三梁冠等；同時也有因應當時政治局勢而創設之制，如以五等爵入一二品、五等與列侯並行、三分食一之制等，在雜糅古今的情況下，體現出當時的改制，是以「恢復」古制為名，而以最適當的方式來規定各項制度。正因西晉五等爵的相關規定多以現實考量為主，在現實政治因素的改變之下，南北朝以後對西晉爵制內部規定又有大幅的更動。

由於封爵途徑的擴大，西晉初年只五等爵便有五、六百人，加上列侯與關內名號侯、關中侯，總人數至少在一、二千人以上；至惠帝以後政由臣下，尤其在八王之亂後政局動盪，許多人因政治關係動輒封侯，又旋遭奪爵，從惠帝永熙元年至愍帝建興四年，其封爵的總人次應數以千計。之所以產生如此情形，就在於封爵途徑的增加。與軍功相較，普遍、事功或德皆無客觀的判斷標準，只要與皇帝或掌權者關係較密切者，即可獲得封爵，一旦朝局混亂，封爵更無客觀標準，主政者可依其好惡加以決定；因封爵無地方行政實權，不會干涉國家運作，且西晉律令規定對諸侯相對的寬鬆，奪爵情形甚少發生，使得封爵日多，廢除者少，加上朝政敗壞，更使爵制日趨紊亂。然而西晉封爵在普遍與氾濫之餘，仍有一定的秩序，如異姓不王的規定（除陳留王外）仍相當明確；其次與漢魏相較，官爵對應關係相對明確；五等爵的食邑數的規定，如郡公三千

戶、縣公一千八百戶等，即使到西晉後期，仍未違背。也就是說，西晉的封爵並無太多變動與破壞，問題在於封爵的認定，與政治關係太過密切，難有客觀標準，這也是在封爵途徑增加後，容易遭遇到的問題。

第二節　士族與五等爵的關係

　　士族是魏晉南北朝時期重要的階層之一，曹魏西晉時已有相當規模的發展。自九品官人法實施後，到咸熙元年的改制，一整套對士族相當有利的國家體系基本成形，同樣的情形似乎也反映在爵制體系上。尤其復五等爵是東漢以來儒學士族的期待，〔註22〕故開建五等可說是士族實踐長期以來理想的標示之一。漢魏以來的士族爲何不持續提倡五等爵制，制定爵制時的理論依據及理想目標爲何，及是否受到現實環境的限制，則爲可探討之問題。

一、漢魏士人對爵制日趨關心之因

　　對兩漢士人與儒生來說，五等爵是「周禮」的重要象徵之一，因此對五等爵自然有嚮往之意。但在現實中，兩漢時期封爵者多爲立軍功之將帥，以文職爲生的士人少有封爵機會；且兩漢所行列侯與關內侯爵，乃戰國以來制度，與「古制」不同。因此士人與儒者對列侯、關內侯的各項制度，如服喪、車服、法制等鮮有討論，其關心者仍爲經典中的「諸侯」制度。以《白虎通》爲例，書中不斷討論五等爵制的起源與發展，卻隻字未提二十等爵，顯示當時儒生、士人的關注焦點仍在理想中的周制，而非當代施行的漢制。

　　漢末建安年間，曹操掌權，以「汝潁集團」爲首的士人重新進入官僚系統之中。與東漢初年不同的是東漢初年的劉秀功臣集團，多具有儒家背景，又同時率兵征討，因而得以軍功封侯；建安年間的士族集團，多以行政能力見長，領軍作戰之事則由「譙沛集團」主導，因此除少數參與軍國大事者如荀彧、荀攸、郭嘉等外，建安年間士人少有封爵者。〔註23〕至曹丕稱帝，施行普遍封爵，使得士人這個階層正式進入封爵體系之中。

〔註22〕參陳寅恪，〈崔浩與寇謙之〉，頁143。

〔註23〕荀彧等人得以封爵，是因其謀畫而得破敵，雖未直接領軍，仍間接導致戰爭勝利；又如任峻、棗祇等人追賜其子爵位，則是其所提出屯田之策，使得軍糧不虞匱乏，仍與軍事有一定程度的關係。因此廣義來說，建安年間得以封爵之士大夫，仍以「軍功」封爵，曹操所爲不過是擴大了「軍功」的解釋範圍。至於大部分的士人，必須等到曹丕即帝位後，才因普遍封爵而受封。

當士人可依正常途徑獲得封爵後，由於士人本身爲受爵者，針對許多與封爵相關的禮法輿服制度加以討論，並試圖結合爵制與官制，建立新的官僚秩序。〔註 24〕曹魏時期，士人所關心的，莫過於官爵體系中等級的區別。一方面當時的士人官僚，多對於如何區分等級提出意見，如夏侯玄認爲不同官僚身份者在輿服等方面應有等差，高堂隆則以當時之官爵來比附經典中的周制（古制），〔註 25〕皆爲其例。在建安時期封爵者，大部分爲軍功之爵，到曹魏時期因受爵者死亡、戰爭減少等因素，且繼承者少有立功機會，故在高平陵政變後，以司馬氏爲首的士族集團逐漸掌握軍政大權；〔註 26〕因事功與普遍封爵者，則隨著新皇帝的即位，而得到增封進爵的機會，許多士族因此累積到縣侯的爵位。

然而，在這些士族獲得列侯的爵位，同時試圖調整官制與禮制秩序強化等級區分時，卻面臨了另一個重大問題。當時受封爲列侯者，除了士族集團自身外，有許多是漢末魏初的軍功集團，若維持以縣鄉亭侯爲主之制，則這些文化素養較低的軍功集團亦將成爲經典中「諸侯」，與士族並列，無法達到士人以「德」詔爵的目標，這恐怕是士族所不樂見的結果。又曹魏制度中，軍功封爵仍爲主要途徑之一，即使剷除現有之軍功列侯，未來仍有可能產生新的軍功侯，仍將與士族並列；且當時吳蜀未平，軍功封侯之途仍有存在的必要，不可驟然廢除。再加上列侯原爲二十等爵中之最高級，與經典之公侯伯子男不符，亦與士族試圖恢復五等爵的期望有異。在上述各種情形的交互影響下，五等爵制便應運而生。

二、魏晉時期士族的特殊待遇

1. 將爵位納入官品秩序

在施行五等爵後，士族並非唯一的受益階層，除士族外，包括司馬氏宗親（咸熙元年時）、曹魏宗室、曹魏功臣亦蒙其利；泰始改制後，尚有外戚

〔註 24〕 如藤川正數認爲，當時的豪門世族爲了維持其所擁有的政治、經濟特權，利用禮教的力量，將上下尊卑的階級秩序加以正當化。參藤川正數，《魏晉時代における喪服禮の研究》，頁 43。

〔註 25〕 《通典》，卷 75，〈禮三十五〉「天子上公及諸侯卿大夫士等贄」，頁 2049-2051。

〔註 26〕 最有名之例，如夏侯惇爲曹操之愛將，在建安年間被封爲高安鄉侯，然至西晉泰始二年，其孫夏侯佐死時，仍爲高安鄉侯，則終曹魏之世，夏侯氏之爵未有任何提升。見《三國志》，卷 9，〈魏書·夏侯惇傳〉，頁 268。

（如楊駿）、宗室子孫推恩、平吳功臣等；但士族仍爲當時受封五等爵者之
主體。不過此處之「士族」，未如東晉及南北朝時有明顯的高下之分，曹魏
及西晉的受五等爵者可略分爲兩類：一是以德行爲主之士大夫，如王祥、何
曾、鄭沖等人，較接近後世對士族的定義；一類是以事功爲主之士人，如賈
充、石苞、羊祜等，這些人的未必家世優良，而是憑能力來獲得司馬氏之重
用。上述兩類士人共同組成了晉初之功臣集團，這個集團在文職與武職上各
有其人，涵蓋了文武兩個領域。最重要的是，這個集團與司馬氏的關係密切，
並於魏晉之際任五品以上官，因而多可受爵。至於在魏末晉初無法獲得五等
爵者，多爲與司馬氏關係相對疏遠之士族及曹魏舊臣，或是曹魏、西晉立軍
功之將帥，〔註27〕一樣是文武皆有，然而已在官僚集團之較外圍，與功臣集
團有所差異。

　　當時等級區分日益明顯的原因，一來是漢末曹魏時期士人的大力提倡，
二來是當時之政治環境提供了區分等級的有利條件。曹魏後期，司馬氏掌握
權力，主要負責制定制度的裴秀、荀顗、賈充等人，皆屬功臣集團。這些人
再制定新制之時，必須考慮到如何透過恢復經典以達到士人「區別士庶」的
期待，同時規劃王朝誕生後的新官僚秩序。因此在開建五等之初，便將五等
爵限制於二品以上，並限定特定之人方可封爲五等爵。如此一來，以家族身
份、九品、官品爵位爲基準，共同構成一套新的官僚體系：高等官僚家族（在
咸熙元年任五品以上官者）至少有一人擁有五等爵，其家族成員鄉品多爲二
品；次等官僚家族則無五等爵，僅有列侯之爵（即縣鄉亭侯），其鄉品可能未
達二品，〔註28〕這些人即使日後任二品以上官，仍無法因此進封五等爵；至
於家族無列侯爵者，地位更低，可能爲寒門、單士之類，鄉品亦較低。由此
可畫出一個以皇帝爲頂點的金字塔，高層爲功臣士族，中間爲次等士族，再
來爲小姓，最下層爲寒門、單士。若按照楊光輝所論，則一、二品官與列侯
爵行諸侯禮，三至五品官行大夫禮，六品官以下行士禮。〔註29〕也就是說，
由西晉封爵體系可看出當時官僚階層的排序。

<hr>

〔註27〕平吳功臣所封者爲五等爵，故不包含在內。
〔註28〕由於資料的限制，無法得知西晉時期家族無五等爵者，是否鄉品亦未達二品。
〔註29〕又閻步克對此略加修正。參楊光輝，〈官品、封爵與門閥制度〉，載《杭州大
　　　　學學報》，4（杭州，1990），頁91。閻步克，《品位與職位——秦漢魏晉南北
　　　　朝官階制度研究》，頁257。

圖一　西晉爵制與官品、官僚身份對照圖

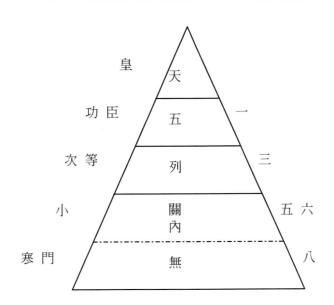

皇　　天

功臣　　五　　　一

次　等　　列　　　三

小　　關內　　五　六

寒　門　　無　　　八

2. 襲爵條件的寬鬆

　　漢魏時期，經常可見無子國除之事，〔註30〕列侯一旦無子繼承爵位，其爵位與封國就會爲國家收回；雖然皇帝有時下詔以封爵者之弟或近親襲爵，或以其宗親子孫紹封，但這是少有的恩典，並非常制，且須經由皇帝認可，因此漢代封爵得傳四、五世以上者甚少。曹魏時期，爵位繼承制度仍保持一定程度的嚴格規範，但因現實情形的關係，如養子之制盛行、戰亂導致人民流徙等因素，襲爵的限制已較漢代寬鬆。到了西晉時期，設立世子（與世孫）之制，封爵者可在生前即指定其子或其孫爲襲爵人選；若無子孫或子孫早亡，得以過繼的方式指定繼承人。如果封爵者在無子孫的情形下死亡，又未立繼承人，則通常以宗族的近親或疏屬來紹爵。如此一來，五等爵可以長期保留在家族之中，西晉時期幾乎不見無子國除的情形，即爲其證。〔註31〕不過世子的制度似乎僅存在於五等爵，列侯以下無世子之制，世子制度的立意是要保障以功臣爲主的五等爵傳承，類似周代大宗「百世不絕」的用意；而列侯以下襲爵規定是否也如此寬鬆，則不甚清楚。

〔註30〕關於此點，楊光輝已有所說明，參楊光輝，〈官品、封爵與門閥制度〉，頁95。
〔註31〕參楊光輝，〈官品、封爵與門閥制度〉，頁95。

之所以會放寬襲爵條件，一方面因爲封爵身份在九品與任官的條件上有所助益，是士族極力想要確保的目標之一；另一方面，「諸侯」身份的傳承，諸侯之後仍爲諸侯，是遵循周制，而非漢魏故事，符合經典中的規定。如此一來，功臣集團便可長久的掌握高官與高爵，〔註32〕又可同時「恢復」周禮，可謂一舉兩得。

3. 奪爵情形的減少

前述襲爵是針對士族家內繼承問題，而奪爵則是針對受封者違背禮法的嚴重處罰。奪爵自然導致國除，但國除並不一定起因於奪爵；無子與奪爵都只是國除的其中一個原因。漢代奪爵之例不少，大多是因違犯各種規定所致；漢末曹魏時期則多以同姓宗室因犯禁而減封，至於異姓遭奪爵通常是因政治事件或作戰失利而遭奪爵。至西晉改制後，在「法」之外又加入「禮」的規範，理論上因違背禮法而奪爵的人數應有所增加；實際上在晉武帝年間，也許因士族改制實現「禮不下庶人，刑不上大夫」的理想，受爵者因故遭奪爵的情形反倒降低，鮮見異姓五等爵遭奪爵。其次，官人犯禁之時，由於官人多同時具有官、爵雙重身份，故常以免官作爲處罰，連帶奪爵的情形較少。士族官僚（尤其是宗室、功臣）犯禁，理應處以重罪，但皇帝卻以強力介入的方式減免其罪，使得在漢代以罪奪爵的情形，在晉武帝時期幾未出現。西晉時期，即便因罪遭到奪爵，也未必會國除。如華廙因「罪」於服喪中遭奪爵，若在漢魏時期，大概已經國除，但華廙遭奪爵後，由世孫（華廙之子）華混襲爵，這也顯示出士族在維繫其家族爵位時的優勢。不過這種情形仍是皇權主導下的結果，而非士族主觀意願即可實現者。

4. 對擁有五等爵者之子孫另行賜爵

泰始二年，晉武帝下詔賜五等爵之子孫列侯之爵：

> 五等之封，皆錄舊勳，本爲縣侯者傳封次子爲亭侯，爲鄉侯（者）爲關內侯，亭侯爲關中侯，皆食本戶十分之一。〔註33〕

〔註32〕在西晉泰始元年後，除太康元年封平吳功臣爲五等爵外，終武帝之世，未有較大規模的異姓封（五等）爵情形。在咸寧中甚至規定日後非同姓不得封五等爵。由此皆可看出在晉武帝時期，功臣集團地位可謂相當穩固，至少在封爵方面，少有人能加入其圈內，即所謂「五等封爵，皆錄舊勳」。詳論請參第二章第三節。

〔註33〕《晉書》，卷3，〈武帝紀〉，頁53。

封五等爵者多爲司馬氏之功臣，這些人在咸熙元年之前多擁有列侯之爵，在進封五等爵後，原有的列侯「舊爵」應該交還國家。然而五等爵與列侯雖同時施行，又位於同一官品系統中，兩者基本上位階仍然有所不同，故在功臣集團中，列侯之爵便爲五等爵的推恩之用，〔註34〕皇帝可以將列侯爵賜予功臣支子，使功臣之家可擁有兩個以上的爵位，一方面擴大功臣家族利益，另一方面也拉大了功臣家族與一般士族在封爵數量上的距離，對於功臣家族在仕進上的特殊性與待遇，都擁有明顯的優勢。〔註35〕

5. 在各方面明確區劃等級

西晉時期，由於士族掌握中正品議，士族起家官品多爲二品，最後可任之官亦爲二品以上；〔註36〕加上士族多受封二品以上之爵，二品成爲制度面上區別高門士族與一般士族的重要標準。若爲高門士族，則資品爲二品，爵爲二品，亦可任二品以上官，成爲當時官僚集團中之最高層。當然，爵制方面，封五等爵者多爲司馬氏之功臣，是其家族之代表；因此只要家族中有一至二人得封五等爵者，〔註37〕即代表此家族地位較高，爲當時之盛族。

至於爲何要將五等爵置於二品以上，可能是西晉士族擬藉由對官制與爵制的改革，配合業已施行的九品官人法，達到重新建構官僚秩序的效果。如同陳長琦所言，一個官僚官品最高可以達到與其資品相同的等級，然而不能超越其資品；且官品、資品與爵具有統一性，「可以說爵位的官品一品，就是

〔註34〕 這種類似「附屬」的情形，也出現在同姓宗室身上。如武帝咸寧年間就以宗室諸王支子爲五等爵，即五等爵附於王爵之下。

〔註35〕 楊光輝將其視爲始封者生前的推恩之制，因而「增加了一族的封爵，擴大了門閥的權勢」。參楊光輝，〈官品、封爵與門閥制度〉，頁95-96。

〔註36〕 是否能任二品以上官，尚有其他條件限制，如早亡、因罪除名即無機會；此外，一個家族之同一世代（昭穆），通常無兩人以上同時或先後任二品以上官（司馬氏宗室除外），即一世代僅一人得爲二品以上官，其餘兄弟則爲三品以下官，此亦與封爵之制相同，一家僅一人有五等爵，其餘最多爲列侯。

〔註37〕 不過陳長琦也指出，「同一家門出身者，由於資品和起家官品的不一致，決定了其今後仕途的發展，政治地位與社會地位的差別，除非低資品起家的子弟在起家後升品，趕上高資品起家的兄長，否則門戶的分化與升降就不可避免」。即在功臣家族內部，也會因爵位的有無高低，而影響了兄弟發展路途的不同。因此，晉武帝之所以普遍賜與大臣子弟列侯（以下）爵位，或許是刻意使這些家族能有較多人躋身於中高層官僚當中。參陳長琦，〈魏晉南朝的資品與官品〉，原載《歷史研究》，6（北京，1990）；後收入張長琦，《戰國秦漢六朝史研究》（廣州：廣東人民出版社，1997），頁221-242。

資品一品；爵位的官品，就是資品二品」；而有爵者則可以其所具備的資品，依據九品官人法的規則入仕。〔註38〕也就是說，資品、官品與爵三者似有密切的對應關係。

魏晉之際，在禮、法、官制各項的改革，在當時或是儒家理想配合現實考量的前提下，制定新的官僚秩序，在各方面劃分等級，可說是士族採取的明確之目的及手段。〔註39〕其實曹魏時期已有建立新秩序的呼聲，西晉時期初步建立；至東晉南朝仍延續此一規範。由於這些制度對士族明顯有利，南朝士族儘管喪失經濟資源，又非政治核心，在這套體制仍能維持運作的情形下，在禮法與官僚秩序中仍具優勢。然而這些改易制度的士族，至東晉南朝已非政權核心，在不同的時空環境下，南北朝時期爵制已經由公侯伯子男並列一品，調整為公侯伯子男各自對應一品的局面，五等爵的有無已非區分等級的直接標準。南北朝封爵體系的調整，也顯現出西晉五等爵集中於二品以上的特殊性，也可看出士族欲以五等爵作為區別等級的用心。

6. 封爵區域的調整

東漢末年與曹魏年間，諸侯的封地多與本籍或任官地相近，一方面受爵者可「衣錦還鄉」，一方面漢魏諸侯多就國，若任官地離本籍過遠，往返將造成極大窒礙。至魏末晉初，許多朝臣同時具有官爵，多因中央官職而聚居首都洛陽，並未就國；一旦任地方官如刺史、郡守，遷轉速度亦較漢魏為快，任官地也經常改變，即使官僚與家族的居住地或任官地、本籍與封地皆在不同地區，並未有太大影響。因此魏末晉初封地與本籍多在不同地區。

另一方面，魏末晉初封地多集中於司、冀、兗、豫、青、徐、并、荊諸州；舊蜀漢之地雖亦納入版圖，但新平蜀漢之初，局勢未穩，而邊州邊郡人口較少，財政匱乏，皆不適合作為封國。受封爵者之本籍地多與封地集中之州重疊，加上受封五等爵者日多，無法滿足所有人「衣錦還鄉」的期待，因

〔註38〕 陳長琦，〈魏晉南朝的資品與官品〉，頁 221-242。陳長琦，〈魏晉九品官人法再探討〉，原載《歷史研究》，6（北京，1995）；後收入陳長琦，《戰國秦漢六朝史研究》，頁 279-293。

〔註39〕 對於區別士庶的問題，宮川尚志認為士庶的區別包含課役、蔭附、特典（即八議之類）等的差別，是區分士大夫與庶人的標記之一。但此處所謂的「區別士庶」，一方面是指士大夫（或云士人）與平民的差別；另一方面，就官僚系統本身來說，區別高門與寒素亦為要點之一。參宮川尚志，《六朝史研究（政治·社會篇）》，頁 207。

此許多人的封地不得不與本籍相異。此外，因食租秩之數量額與「地勢豐薄」密切相關，許多五等爵之封地多爲各州郡較富庶之區。因此，西晉受封者封地的選擇原則雖與漢魏不同，本籍與封地重疊的比例降低，但在受封者不必就國的前提下，時人少有對封地位置提出異議，表示時人大體可接受封地的安排。

三、士族復五等爵制的分析

在魏晉時期，將較於「官」具有實際的職掌與權責，「爵」無行政上的職權，較類似皇帝對功臣、士族的酬賞。對於士人來說，任官基本上不僅是爲皇帝的臣下，也是爲鄉里進而爲天人服務；爵制則類似天子與士族間的上下關係，相對而言屬於君臣之事。上述是將任官與封爵二者加以比較的結果。事實上爵制在相當程度上仍爲國家體系的一部份，士人在制定禮法官制之時，仍以儒家理想的官僚秩序爲範本，並非僅以一己之私作爲考量。〔註40〕從《晉書》中提及「私」的次數來看，否定「私」的情形比肯定「私」爲多，至少在表面上，西晉時期士族的「私」利並未凌駕於公之上。〔註41〕

首先，關於「封建」與「郡縣」的問題，是漢唐間重複被討論的課題之一。魏末晉初開建五等之際，實是恢復封建制度的大好時機，一旦恢復封建制度，這些受爵者即成爲古代諸侯，在地方將擁有實際權力，等同於太守縣令諸官。然而觀察魏晉時人論述，並非所有士人皆支持行封建制，就算有支持封建制者，其論點多傾向於同姓宗室之相關體系，而非異姓諸侯。按五等爵與封建制並不盡相同，五等爵是用來劃分官僚秩序及確認身份的制度，而封建制則是給予諸侯行政、財政、軍事等地方實權之制。西晉所採取的政策，是施行五等爵而未行封建制。若當時士族具備主導國家運作的能力，又具備自利的傾向，則「恢復」封建制或實現部分封建應爲當時士族盡力爭取的目標；但在西晉初期，五等爵「實不成制度」，地方軍政乃爲宗室或親近重臣所掌握，並非由受爵之「諸侯」掌控。因此，五等爵僅在提升以司馬氏功臣爲中心的受爵者地位上產生大作用，在恢復或實現「封建」制度方面，並無實

〔註40〕如陳寅恪即認爲魏晉之際改制是士族對東漢以來儒家政治理想的實踐。參陳
　　　　寅恪，〈崔浩與寇謙之〉，頁143-145。
〔註41〕張榮明、王文濤指出，「在《晉書》中，『私』在整體上處於被排抑的弱勢地
　　　　位」。參張榮明、王文濤，〈《晉書》中的「私」概念〉，收入劉澤華、張榮明
　　　　等著，《公私觀念與中國社會》（北京：中國人民大學出版社，2003），頁106-132。

際的效用，中央與地方實權仍掌握在皇權手上。若士族僅以私利作爲考量，恢復封建制理應比五等爵制的施行更爲重要，就實際情況而言，魏末晉初的士人非僅考慮一己之私。

再次，魏晉時期爵制體系的改變，與士族勢力的擴大有很密切的關係，無論是在實現儒家理想、建立官僚新秩序的「爲國」方面，或是維護其家族地位、利益的「爲家」方面，由於這些功臣的父祖身份未必甚高，或非曹魏初期政治集團的核心勢力，〔註42〕因此在王朝嬗代之際，利用與司馬氏皇權的密切關係，建立起以當世官品爲標準的官僚秩序，使得功臣得在官僚體系中與非功臣士族做出區隔。在這當中，爵位便扮演了舉足輕重的角色。官位會因政治局勢、子孫賢愚而有所升降，但爵位是世襲之制，受到政治的干擾較小；即使家族無人任官，這些爵位仍可使其家保持一定的政治優勢。但反過來說，也是由於魏晉時期對高門的認定多在於「當世官爵」，〔註43〕因此到了永嘉亂後，在政治情勢全然不同的情況下，新建立的東晉政權也不必承認這些西晉高門原有的政治地位，而以另一批新興士族作爲高門。

總而言之，從漢末建安年間到曹魏時期，大族名士的力量隨著其所屬集團（士族集團或所謂「汝潁集團」）勢力的上升而壯大，士族本人或其父祖在這段時間經由持續任官而累積資歷，再加上九品官人法的施行，到了魏末晉初，這些士族成爲國家權力核心的一部份，許多新的典章制度也在這個時候完成。這些新制度中，有些與漢魏故事相近，也有不少相異之處。然而這些士族在規劃新的國家秩序時，究竟是以「官僚」的身份在思考，還是以「士族」的身份來考量，則是必須兩相兼顧的。例如九品官人法原本是爲了方便選拔人才而設，制定者陳群同時亦爲當時汝潁集團的代表人物，陳群在制定九品官人法之初衷在於爲國舉才，並非給予士族特權；而九品官人法之所以會演變成「上品無寒門，下品無勢族」的情形，也是長期演變下的結果，並非制度原意。又泰始律能在數年內迅速完成，有賴魏律十八篇作基礎，〔註44〕

〔註42〕陳寅恪已指出，司馬氏集團中亦有「本出身寒族依附曹魏之人，投機加入司馬氏之黨」，如賈充、石苞、陳矯等人，但大部分還是「屬於東漢之儒家大族」。參陳寅恪，〈崔浩與寇謙之〉，頁144。

〔註43〕唐長孺指出，漢末魏晉士族高低序列基本上決定於當朝的權勢，而非過去的家族地位，參唐長孺，〈士族的形成與升降〉，頁61-63。

〔註44〕潘武肅，〈西晉泰始頒律的歷史意義〉，載《香港中文大學中國文化研究所學報》，22（香港，1991），頁9。

即泰始律並非只是高平陵政變後，司馬氏集團欲鞏固自身利益所制訂之法，當中也包含了自漢末曹魏以來，歷朝士大夫所提出的理想。因此五等爵制定之初，制定者是站在「國」的立場或「家」的立場，是必須要另外深入探討的問題。〔註45〕另一個問題是，皇權在設立新制度的過程中，扮演了何種角色，這些新制是士族集團依照其主觀意願加以完成，皇權無力干涉；抑或司馬氏為了酬庸賞功及其他目的，主動籠絡士族的作法；或是皇權與士族妥協之後的結果，這些問題將留到下一節來討論。

四、西晉士族的理想性

學者間一直存在一種觀點，魏晉時期皇權相對衰微，士族力量日趨強盛，因此士族不但在任官時追求本身特權的擴張，並企圖保持家族在各方面的優勢。然而士族在同時為國家官僚與士族的雙重身份下，其行為似不完全基於個人或家族的立場而有其「治國」、「平天下」的理想性。

當時士大夫的理想，是建立以周禮為典範的制度體系，〔註46〕讓國家運作的各方面都能依照儒家理念來運行，如「撰《周官》為〈諸侯律〉」即為一例；〔註47〕其後雖然有許多士族轉向老莊思想，至少在魏末晉初，位居高層、屬於功臣集團的士族，仍為忠實的儒家信徒，關注儒家經典在制度面的闡釋與發揚。對於這些士族來說，顧及自身利益之餘，實現儒家價值的理想也甚為重要。

漢代尚未形成獨立的「士」階層。士人若無官位，則居鄉里，社會職業基本上分為農、工、商，士的地位並不特殊。同時漢代二十等爵中，封爵者以軍功為主，士人缺乏立軍功的機會，因此被摒棄於軍功爵之外，少有封爵者。至魏晉時期，一方面由於士的自覺逐漸成形，〔註48〕使得士在主觀上以

〔註45〕劉澤華指出，由於士大夫同時承擔了官僚與士的身份，因此不論在理論或實踐中，常陷於進退維谷的窘境。參劉澤華，《中國的王權主義》（上海：上海人民出版社，2000），頁179。

〔註46〕楊光輝認為，「兩晉採用了古今官制相類比的方式，以便使《周禮》能夠指導現存的等級制度」；閻步克亦指出，「魏晉之交，出現了一系列復古禮、用周制的事件」，並排出西晉官品與周制的對比。參楊光輝，〈官品、封爵與門閥制度〉，頁91。閻步克，《品位與職位──秦漢魏晉南北朝官階制度研究》，頁257-261。

〔註47〕參《晉書》，卷30，〈刑法志〉，頁927。

〔註48〕參余英時，〈漢晉之際士之新自覺與新思潮〉，頁206-230。

認爲士與其他階層相異；另一方面，由於這些士族在魏晉時期多任高層，又改易制度，士的地位才被凸顯，士族階層免稅等權益、禮制與法制的規定，都表示士已在制度上成爲獨立階層。九品官人法使士族保持長期的任官資格，五等爵得以讓士族子弟世襲，士人的家族可以長期具有官與爵的身份，地位得到制度的保障，如武帝即位給予士人子孫免稅的優待。〔註49〕官位、爵位的授予，對於士大夫來說，不僅意味特殊的身份地位，同時也表示作爲「士」的責任。魏晉士族即便多爲朝廷大官，在地方上依然具有賑濟鄉里、照顧鄉里的責任，〔註50〕對於這些秉持儒家理想的士族來說，在照顧鄉里的同時，也需要藉由謀得一官半職，以達到「平天下」的理想。五等爵的設計，基本上是一種身份等級的重新安排。儒家強調所做之事與位階必須相符，即不在其位，不謀其政之意。西晉開建五等，透過爵制的安排區別等級，也是基於新禮法秩序的追求，要求合理的等級秩序。也就是說西晉改制基本上不能否定士人超越私利的理想性。然而，西晉士族在改制之時，雖具備相當的理想性，但在實踐的過程中，皇權與士族皆未依照此一理念執行，因此這些制度便成爲士族累積財富與地位的手段，與當初制定的初衷可謂背道而馳。

第三節　五等爵與皇權的關係

一般提到西晉皇權，大多認爲當時皇權相對衰弱，故在任官、賜爵部分缺乏自主性。〔註51〕然而，從許多跡象似可看出，雖然西晉士族已有相當程度的政治勢力，皇權相較之下有所下降，至少在西晉前期，武帝對於禮法與官制秩序的運作仍有最後裁決權；且前已論及，五等爵制的運作過程中，一旦觸及到可能影響國家運作或皇權威嚴者，國家仍可用各種方式加以排除。也就是說，由於士族強盛，皇權的力量相對下降，但並未衰微；在士族勢力上升的情況下，皇權如何維持其最高權力，則是本節將要討論的重點。

〔註49〕《晉書》，卷26，〈食貨志〉，頁790。另外唐長孺指出，「『士』之成爲『族』，成爲享有免役特權之族，在戶調式中首次以法律形式給固定下來」。參唐長孺，〈西晉戶調式的意義〉，收入唐長孺，《魏晉南北朝史論叢續編》（石家莊：河北教育出版社，2000），頁447。

〔註50〕參谷川道雄著，馬彪譯，《中國中世社會與共同體》（北京：中華書局，2002），頁92-100。

〔註51〕如楊光輝即認爲，相對於兩漢、北魏，西晉皇權的權力不足，無法強力干預，因而造成了西晉士族在爵制上的優勢。參楊光輝，《漢唐封爵制度》，頁147。

一、皇權與爵制運作的關係

1. 襲爵的人選

　　西晉時期襲爵限制的放寬，有利於士族政治地位的延續。但無論立何子（基本上是嫡長子）爲世子或世孫，都需經過皇帝的認可，世子作爲選子人的身份方得確認。因而有所謂拜與不拜，地位不同之語。〔註 52〕受爵者若無子孫，需要由家族其他親屬繼承爵位，或是國祚一度斷絕，復封後要立紹封者，〔註 53〕仍需經過皇帝的認可方得紹爵。此外，因皇帝恩賜而另得之爵，皇帝亦有權決定將爵位傳與何人，如衛瓘之例即是。也就是說，立何子爲襲爵者的最後決定權，仍在皇帝手上，並未因襲爵限制的放寬而有所改變。

2. 對受爵對象的規範

　　五等爵在咸熙元年、泰始元年兩次大封之後，除了平吳功臣外，在晉武帝年間，異姓封五等爵的人數甚少，如楊駿以外戚封侯，孫秀因降晉封公，皆爲特例；咸寧年間，晉武帝更明令非同姓不得爲五等爵。〔註 54〕也就是說，被封爲五等爵的功臣，在當時可謂是具有政治優勢的集團，功臣集團之所以能與其他官僚區別，五等爵的有無便成爲一種判斷標準，這也是西晉時期特殊的政治安排之一。其中皇權有意識的限制五等爵的總數，亦爲重要原因。

3. 租秩額的改變

　　西晉五等爵共有五六百國，再加上諸王的封國，以及各「國」國官人數增加的情形下，看起來似乎使得國家財政負擔加重，甚至佔據了國家租調額的五分之一強。這不禁使人感到疑惑，爲何西晉政權會採取如此耗費國家資源的方式，來增加官僚士族的經濟收入，在此試圖提出其理由。首先，西晉封國雖多，然其可食之俸秩比例只有三分之一，而列侯以下爵更只有十分之一。相較之下，漢魏時期並未明言其食邑比例爲何，疑食全額租秩，〔註 55〕然則東漢初年受封者有兩百餘人，相當於西晉初年之五六百國（三分食一）。其次，東漢初年與曹魏初年之封爵，除列侯、關內侯外，已無食邑之國；而西晉除諸王、五等爵外，大量的列侯爵位亦有食邑，〔註 56〕雖非食全額租秩，

〔註 52〕參《周禮》，卷 21，〈春官典命〉，頁 135。
〔註 53〕如衛瓘、張華皆死於變亂，在朝政穩定後，朝廷便恢復其爵位。
〔註 54〕《晉書》，卷 24，〈職官志〉，頁 744。
〔註 55〕關於漢代列侯食邑比例問題，請參見第三章第三節註 179。
〔註 56〕西晉之關內名號侯、關中侯是否擁有食邑，不甚清楚，暫不討論。

其總數理應超過東漢與曹魏。然而東漢與曹魏初年之封爵，是以軍功來決定食邑之數，分封動輒數千戶；而西晉初年之五等爵，最高之郡公食邑不過三千戶，〔註57〕且當時全國尚未統一，許多列侯之食邑更少，再加上食邑比例三分食一的規定，西晉五等爵加列侯的總奉秩與東漢與曹魏初年所佔的比例可能相差不多，〔註58〕甚至要更低一些。〔註59〕綜合上述，則西晉時期在封爵上的總戶邑數雖然大幅增加，但國家藉由將食租比例減爲三分之一的方式，將固定比例的租秩分散給更多的（士族）官僚，使得原本只有立軍功者方得享有之食租，轉而由廣大的士族官僚階級分享，而每個官僚所分配到的租秩額則相對減少。且在普遍封爵的情形下，若僅限定少數人得有五等爵，則可能會造成無五等爵者之抗爭；爲了維繫政權的穩定，將當時中高階級的官僚（即五品以上）納入五等爵的體系，則是較爲安穩的作法。由此可見，西晉五等爵的封國數雖多，但食邑總數較之東漢並未增加太多，表示在制度擬定之初，應已考慮到國家整體財政問題，並非只是犒賞功臣士族之舉；而皇權藉由增加封爵人數、縮小食邑數與食邑比例，一方面可以達到普遍維繫士族官僚的作用，一方面也可維持租秩的支出，不至於拖垮國家財政。

4. 左右禮律的判決

由於禮的制度化與「違禮入律」的原則，使禮、律成爲維繫西晉官僚秩序的兩大支柱。既然禮、律爲國家重要典章，當官員違背禮律時，理應按照禮律規定進行裁定，或依照有司所判爲準。但實際上，皇權常在此時出面干涉，常使得有罪未必受罰，無罪反遭處分，或是明顯違背禮律的規定。在律令方面，如山濤、魏舒等人佔官稻田，理應重罰，晉武帝特詔原之，只對小官加以處分；華異因得罪荀顗，被冠上以奴代客之罪遭受奪爵的處罰。在禮典方面，庾純酒後與賈充衝突，便以父老不在家奉養之罪遭懲處；賈充死後無子，晉武帝違背禮文與朝議，以賈充外孫韓謐襲爵。由此可看出武帝時期對於諸侯禮法（包括制度與案例）仍有最終裁量權，且可加以干涉。當然，

〔註57〕西晉五等爵亦有食邑數與制度規定不同者，然數量甚少，如安樂公劉禪食邑一萬戶，似爲特例，非普遍情形。

〔註58〕當中尚須注意者，即東漢初年未行戶調之制，列侯之食邑收入亦無絹之目，與西晉不同。

〔註59〕谷霽光認爲，西晉的諸侯租秩「比漢制更爲優裕」。不過谷氏所云乃就每戶所得而言，但西晉五等爵封戶整體較漢代諸侯與列侯爲少，故租秩總額亦較低，兩者並不衝突。參谷霽光，〈論漢唐間賦稅制度的變化〉，頁184。

對各項制度朝議的最終裁量權是專制皇權的基本特色之一，至少晉武帝時期並未失去此一能力，代表皇權仍有一定的影響力。

5. 制定專門諸侯律令

就法律方面，漢魏時期已有許多專門針對諸侯所置之律，如左官律、酎金律等，然直至西晉才正式集結爲諸侯的專門律令，即〈諸侯律〉與〈王公侯令〉。這象徵了諸侯在當時相當受到重視，以致於必須要有專門規定來加以管理；而士族、官僚違背禮法，雖然可以減刑抵罪，仍未因擁有爵位便可免除罪刑，所謂「刑不上大夫」的理想並未眞正落實。刑不上大夫，代表的是士族理想中「自我抑制」的發揮，由於士人具備道德，可以自我抑制，故可以禮規範，而不必加諸刑罰；但在現實立場來看，若士族可跳脫出律令規範之外，僅能以禮繩之，禮文並無強制性，皇權將無法對士族進行有效管理，對國家運作將有很大的影響。因此對諸侯律令的明確規範，不但是西晉君臣重視封爵的反映，也代表皇權仍藉由律令來規範「諸侯」，使諸侯不能超脫於律令體系之外。

6. 奪爵限制的放寬

兩漢與西晉初期，皆封其功臣爲高級爵位，但其「功臣」的定義有所不同。兩漢初年的功臣多以軍功起家，故常有相應的個人軍事才能或號召鄉里的能力，使得皇帝在封爵行賞之餘，仍須防制功臣成爲皇權的威脅；晉初的功臣則多爲司馬氏之黨，當中許多是在地方有一定勢力的士族或大姓，但這些人多是以行政見長的官僚，有軍功者甚少，在軍事上的威脅較小，故以封爵羈縻君臣關係，仍是可行之道。皇帝對受封爵者主觀態度的不同，也造成了不同的結果。漢代皇帝對於有罪之列侯，時常以削爵、奪爵的方式加以處罰；而晉武帝則多以「原其罪」、「不問」等方式減免其罪。這當然也可以解釋爲士族勢力強盛，皇帝不敢輕舉妄動，但晉武帝是否要處罰諸侯，似有其主動性，而非被動的默許士族爲所欲爲。

二、皇權廣泛授與功臣士族爵位的原因

在東漢與曹魏時期，開國皇帝對第一代開國功臣及其後代都有大規模的封賞，東漢光武帝劉秀如此，魏文帝曹丕亦然；而西晉初期也採取了相似的政策，只是西晉功臣多非以軍功作出貢獻。皇帝藉由封爵的動作，確保了這些功臣即使死亡之後，其子孫不論仕官與否，仍爲本朝之臣。也就是說，西

晉初年封爵的政策，並非獨創，而是一脈相承的情形。再加上前述諸例，皇權對封爵事務亦有相當的主導性，不像東晉時期皇權的積弱不振。因此，若以士族勢力強大，皇權無法干涉士族等面向來單獨解釋西晉政治與制度面向，至少在封爵方面，似乎並非如此。

漢末建安時期，曹操政權的主要核心是由「汝潁集團」與「譙沛集團」構成，這些「汝潁集團」的士大夫亦為曹氏之「功臣」，然而在曹操崇尚軍功的政策下，封爵多為譙沛集團。成員封爵不平均的問題，在建安前期戰爭頻繁之際尚不嚴重，到了國家承平，又面臨禪讓之時，便不得不作出調整。因為這些士大夫為支撐官僚體系的重點之一，在國家安定之時，其地位更顯重要；再加上當時的士大夫在各地的鄉里亦有相當的影響力，因此國家必須要將其納入封爵體系中，一方面籠絡與酬謝這些士族官僚，另一方面可均衡朝中文武在封爵上的比例，防止軍功功臣權力過大。這或許是曹丕即位後打破「無功不侯」而普遍封爵的原因之一。就皇權而言，同樣是功臣，只是政權轉變形式不同，才會造成曹操與曹丕封爵重心不同的情況。

司馬氏所以能建立晉朝，功臣集團實功不可沒，因此在爵制上優待功臣也是情理之常，如楊光輝先生即認為此舉乃「照顧功臣集團利益」；〔註60〕加上在高平陵政變後，曹魏宗室及臣子數次較大規模的反抗，〔註61〕反對司馬氏的勢力雖已基本消除，官僚之中仍不乏對魏晉禪讓之事有微詞者；且新王朝的建立，需要一批值得信賴的官僚主持朝政，故鞏固功臣集團，便為司馬氏（主要為晉武帝司馬炎）所重視之事。也就是說，從皇權的角度來看，維護功臣集團在政治上的優勢，對自身也是有益無害，未必是因士族集團有此需求，而皇權被迫讓步。

西晉士族雖在政治上已為一大勢力，然皇權仍有相當的力量，也反映在重當時官爵而不重父祖方面。當時官爵高者，即與統治者關係密切之人，如曹魏初年之功臣大族，許多在西晉時期已默默無聞；〔註62〕西晉初年之代表者則為功臣集團，這些功臣集團到了惠帝以後，因政治局勢趨於惡化，其地

〔註60〕楊光輝，《漢唐封爵制度》，頁144。

〔註61〕在高平陵政變後，反對司馬氏的事件有李豐與夏侯玄之謀、「淮南三叛」、高貴鄉公之事等，而支持曹魏之人也在這幾次事件中死亡殆盡，此後幾無公開以言語或行動反對司馬氏者。

〔註62〕關於曹魏功臣至晉無聞之事，唐長孺以杜襲、趙儼等人為例論之，可供參考。參唐長孺，〈士族的形成和升降〉，頁60。

位已有所動搖，至東晉能繼續維持高門者實已不多。這些當世官爵較高之人，其所依靠者即爲在當時具有特殊的地位（功臣），與皇帝關係密切，一旦這個優勢消失，如新皇帝即位、政局動盪等因素，則其高門之身分便無法繼續維持。相對來說，東晉士族在鞏固領導中心後，逐漸形成較固定的大姓；在士族的身份地位確立後，即使其後代後世未必每代皆爲大官，然其高門大族的地位依然無法被取代。由此亦可看出，西晉的高門士族，在相當的程度上必須依賴皇權的支持才能維持，並非其主觀意願即可達成，這亦可間接看出皇權在當時仍有其影響力。

　　此外，如楊光輝先生認爲在魏晉南北朝時期國家藉由剝奪更多「爵」之權利，而代之以任官，〔註63〕這個觀點至少在西晉時期似不適用。魏末晉初爲五等爵制的草創時期，當時的重點是在於如何制定新的官僚秩序，所參考的依據大體以儒家經典所載周制爲主，當然皇權仍對於五等爵的權限作了部分限制，即牽涉到「封建」或威脅國家秩序的問題，如是否擁有行政、財政、軍事等權，及懸旗、籍田等方面，則捨周制而襲漢魏故事，或允許而不施行，其目的應在於給予五等爵在官僚秩序中有較好的待遇，而不涉及分割國家在地方的主導權，即封建制度。如同丁愛博（Albert E. Dien）所云，統治者既然必須拿出東西來做爲士族臣服的報償，「聲望的標誌（官職、品級、勳號）自然是最廉價的支付方式」。〔註64〕因此西晉五等爵無論在禮法、身份地位及其他邊際效應等方面，與漢魏時期的列侯相較，不是相同，就是較優，只有租秩收入相對較少，但並未涉及到封建制的問題，而「爵」的權利遭剝奪之事，或許在東晉與南北朝發生，西晉似無此情形。

　　由於司馬氏政權乃由篡弒而來，又要防止曹魏舊臣對曹魏盡忠，因而國家鼓勵的重心逐漸轉爲「孝」，對「忠」的提倡甚少。〔註65〕西晉時期自皇帝至高級官僚，所標榜者皆爲孝，如晉武帝司馬炎爲其親服心喪三年，晉初三公王祥、何曾、鄭沖都是以孝出名，「孝」可謂當時提高自身名譽的主要方式之一。孝是家族內部所行之事，雖有孝子可爲忠臣之語，基本上還是反映了

〔註63〕楊光輝，《漢唐封爵制度》，頁169。

〔註64〕丁愛博著，張琳譯，牟發松校改，〈《中國中世紀早期的國家與社會》導言〉，頁193。

〔註65〕參唐長孺，〈魏晉南朝的君父先後論〉，收入唐長孺，《魏晉南北朝史論拾遺》（北京：中華書局，1983），頁233-248。羅宗強，《玄學與魏晉士人心態》，頁158-162。

當時所謂「家」重於「國」的情形，許多學者便以此作為士族強盛的依據。不過當時家族勢力雖然強盛，「忠」的觀念又未被刻意強調，國家仍需要一套制度來建立君臣之間的關係，理論上「官」應是兩者間最直接的結合。但一方面當時士族為官遷轉速度甚快，因故免官或辭官的情形亦多，以此為國家與士族的連結，相對不甚穩定；另一方面，士族可依自身的意願去官或辭官，如父母喪去官、因病辭官等，即「君臣關係」似可隨時結束，且主導權在士族，〔註66〕士族無官後只能為所謂的「故吏」。因此藉由爵位穩定性較高及世襲的特點，國家與士族的「君臣關係」可得到。更明確的說，當時君臣關係的維持，不是靠對「忠」的提倡，而是對「禮」的提倡，使得各個官僚依照自身的政治地位（主要以官品為主），各有其不同的規範，再配合上對孝道及宗族之禮的鼓勵，西晉初期的國家秩序大體成形。〔註67〕忠與禮皆為儒家的理念，兩者相較，「忠」強調對君主的忠誠，相對較為積極；而「禮」強調君臣各有其規定，只要不違背即可，相對較為消極。即每個人必須按自己的社會地位抉擇其禮，合乎此條件即合禮，否則便為非禮。〔註68〕因此「禮」在承平時期，可以達到維繫國家秩序的功用；但在戰亂或政局動盪之時，「禮」與爵位已無法鼓勵臣為君盡力，才能凸顯出「忠」的價值。這也是為何在同樣的國策下，在武帝時期尚為承平之世，君臣關係與官僚秩序相對穩定，至惠帝以後政局動盪，官僚秩序崩潰甚速，少有如嵇紹般挺身為君盡忠之人，士族多為其家族作安身之計。不論強調禮學者為士族或皇權，總之「禮」在當時似已取代「忠」的觀念，成為維繫君臣關係的主要方式。

　　然而「禮」的規範包含甚廣，五等爵只是其中一部份，士族五等爵的施行，一方面使士族具有經典中「諸侯」的身份，以達到等級區分的效果；另一方面，皇權也藉由授爵的動作，強化與士族間的君臣關係，即「天子──諸侯」的關係，即使官僚致仕或暫時免官，皇權仍具有與此官員有身份上的連結。因此施行五等爵，不僅是士族理想的實現，皇權在當中也有其主動性。此外，西晉讓五等諸侯之舊爵給予其子，代表受爵者家族與下一代，和國家

〔註66〕 在漢代時期，官僚致仕之後與皇帝亦無直接的君臣關係；至魏晉時期，致仕之官多被賜與散官，則官僚本人與天子間的關係可繼續維持。

〔註67〕 如藤川正數認為在當時的情況下，維護禮教是保持社會秩序的必要方法，見藤川正數，《魏晉時代における喪服禮の研究》，頁38。

〔註68〕 此為瞿同祖之觀點，參瞿同祖《中國法律與中國社會》，收入瞿同祖，《瞿同祖法學論著集》，頁302。

間的聯繫不絕代表，這是九品中正制所無法達到的政治作用。

　　總之，不論是漢魏故事或儒家經典，爵制一直與天子息息相關；而在魏晉時期，封爵依然是天子與士族間建立關係的重要方式之一。雖然魏晉時期士族的力量逐漸擴大，但晉武帝時，至少在爵制部分，對於各級封爵的分配與安排，以及相關制度的配合，國家（皇權）仍有相當的主導性。更重要的是，當時爵制的中心在諸王，而非「不成制度」的五等爵，西晉滅亡重要原因之一是在於宗室，並非士族攬權。當然，當時士族較無理想性，進則以清談為高，退則以保家為務，也與西晉滅亡有關；然與東晉相較，士族在西晉政治中的影響力畢竟較低。因此在觀察西晉國家與制度發展之時，似亦需將皇權的因素納入，或可有更完整之理解。

第六章　結　論

　　本文寫作之初，原從爵制的角度觀察魏晉時期士族發展的情形，但在研究的過程中，筆者發現西晉五等爵的制定，勢力強大的士族不僅只有爲家爲私的一面，同時也有士族爲公的態度；皇權在其中亦扮演了制衡角色。

　　兩漢初年的功臣多以軍功起家，受封人數不多。至建安年間，曹操雖然數次大封軍功者爲侯，但在戶口凋敝及全國尚未統一的背景下，總數大致不會超過東漢初年。到了黃初元年，大封行政官僚爲侯成爲慣例，加上大小戰役的發生、封爵途徑的增加，使得封爵人數持續增加。至咸熙元年開建五等後，光是五等爵便有六百多人，還不包含三品縣侯以下之爵，當時有爵者總數應相當多。至東晉廢除愍帝所封之爵，重新整理，才又將封爵數量控制在較合理範圍之內。封爵人數增加，象徵著封爵體系內所包含的的階層與家族更多，也象徵爵制逐漸成爲官僚不可或缺的身份之一。

　　漢晉間爵制，除了形式上爵級名稱與內容不同外，封爵原則亦有更動。在漢代，軍功仍爲封爵最主要的途徑，其餘則以「恩澤」的方式獲得爵位，因此封爵者多半爲率軍將領或與皇帝關係密切者，士人與行政官僚少有得爵的機會。至曹魏黃初元年，施行對行政官僚的普遍封爵，加上日後各種因「事功」而得封爵，以及「以德詔爵」觀念的提倡，使封爵方式不再限於「軍功」與「恩澤」二途，士人透過「德」的實踐，行政官僚藉由建立「事功」，同樣可以獲得封爵。另外，漢晉間爵制尚且有兩個大的變化，一個是爵級的增加，一個是異姓封爵途徑的擴大。在爵級增加方面，東漢時期的有食邑爵級爲「王──公──列侯──關內侯」數級；至建安二十年，調整爲「王──公───列侯──關內侯──名號侯──關中侯──關外侯──五大夫」的序

列，曹魏時期基本上仍沿用之；至咸熙改制後，西晉爵制成為「王——公侯伯子男——列侯——關內、名號侯——關中侯」的序列，同時也與官品制度相對應。東漢由於封爵不易，人數較少，因此只有縣侯、鄉侯、亭侯、關內侯四級。至建安年間，將、兵多有立軍功者，在二十等爵已失去其效用的情形下，曹操乃設名號侯以下爵，以試圖區分功勞大小與身份高低。魏初則將同姓宗室封為王、公之爵，以與異姓列侯分離，即取消「王子侯」，使封列侯之限制又減少一項。然而至曹魏後期在軍功與事功皆為縣侯，舊有爵級無法區別新功臣集團與其他官僚，五等爵的創立，不僅完成當時士人「復古」的理想，也可顯示出封爵者與司馬氏之關係。同時爵級的增多，也可使官僚內部之位階更為明確，在鄉品、官品之外成為另一個判別官員身份高低的參考。另外，由於異姓封爵途徑擴大，原本東漢時期的主要途徑軍功外，新增事功與普遍封爵的方式，並恢復恩澤封爵之途，並對「功」的定義放寬。至西晉時期，封五等爵者大多為「著勳前朝」之臣，即司馬氏之功臣，軍功爵的重要性下降，也成為西晉爵制的特色之一。

重新審視漢晉間爵制的變化過程，可以發現兩漢爵制雖已包含未立軍功的王子侯與恩澤侯等，但軍功仍為封侯的主要途徑。另一方面，隨著經濟與政治環境變動，兩漢的豪族與士大夫階層也逐漸成形，甚至有些直接轉型為士族。然而此批士大夫、士族為官者雖多，卻因為無立軍功的機會，封侯者甚少。到了曹魏時期，封爵定義作了放寬，對國家有「功」者皆可封侯，也就是說，不必再遵守漢高祖劉邦的「白馬之誓」，因而爵制已經有濫封傾向。此外，封爵所帶來的奉秩及各項經濟權利，確保了士大夫的地位；同時封爵又具有「諸侯」特性，在禮制上的權利亦可提升。又除了宗室、二王後外，受封爵者基本上皆為有官之人，就算他們「去官」、「棄官」、「不就」、「不拜」，仍然為天子之臣，與皇帝之羈絆依然存在。因此，實行普遍封爵，尤其是五等爵制的施行，使得這些士族、豪族的經濟地位、社會力量更加強大，同時也使他們與中央權力的關係更加密切。

從西晉五等爵制的運作來看，既有承襲漢代爵制的地方，亦有配合現實環境而新設之處。有關地理、開國與食邑制度，多與漢代列侯之制不同，似為因應現實環境所設。在地理分布方面，漢代列侯多須就國，封地與本籍或任官地的關係較為密切；到了曹魏，由於行政官僚同時擁有爵位，就國者減少，而受爵者本籍與封地的關係已有所鬆動；西晉行五等爵後，本籍與封地

更加疏離，士族少有就國者，其原因或與當時士族「集聚京邑」有所關連。
而魏晉間的封爵地似有集中於兗、豫、冀、青、徐等州的現象。

在開國制度方面，漢代封列侯者皆開國，有國相、須就國，在制度上仍
為守土之君；曹魏擴大封爵途徑，新皇帝即位多普遍封爵，但普遍封爵似只
有食邑，未有國相，只有軍功封爵者才得開國；五等爵施行後，共封五、六
百人，若受爵者皆開國，則西晉大部分縣級單位皆為國相，但實際情況似非
如此，當時可能只有縣侯以上方得開國，其餘伯子男皆不開國置相。在食邑
與國家財政方面，由於史料不足，對於西晉時期每戶的租調額及全國稅收總
額，未有明確數據，只能從現有資料與前人論述，試圖推估一基本額；在諸
侯食邑方面，關於五等爵食邑比例與奉秩總數，學界未有定論，筆者暫以多
數學者所言為準，將西晉諸侯食邑比例為三分食一，乘以食邑戶數與封爵總
數，粗略推知諸侯的奉秩總數。最後將全國稅收與諸侯奉秩總數加以比較，
估計諸侯奉秩約佔全國收入比例約五分之一至四分之一。

從五等爵制的地理、開國與食邑等制度以及諸侯奉秩總數觀之，五等爵
的運作，僅在物質層面對國家秩序影響較大，在制度上繼承漢魏故事的成分
並不多，與儒家經典所載周制亦不相同，但整體看來，國家在給予士族五等
爵身份與較高待遇的同時，仍維持以皇權為中心的統治體制，未因五等爵的
施行而將中央與地方的主導權讓給士族。

至於爵位在禮法與官僚秩序中的地位，也是本文討論的重點之一。在官
僚體系方面，漢代官爵仍呈現分離狀態，制度上亦無法直接對應；魏晉之際
爵入官品，使官職與爵位在制度上可相互援引比附。但因爵制與官制剛開始
磨合，在對應上並不明確，如同為二品，二品官金印紫綬，侯伯子男則為金
章朱綬；同為三品，三品官銀印青綬，縣侯金印紫綬等；直到唐代，官爵之
間的對應才趨於健全。加上士族對周制的嚮往，使得爵制在官品秩序中，時
常超越同品之官，而比擬於周代諸侯。但在某些方面，對五等爵的規定未必
以周制為參考，而是配合當時政治局勢來進行安排。

在禮的規範方面，開建五等是「恢復」周制的成果之一，雖然沒有實際
上的分土與分民，至少制度上士族已具備「諸侯」的身份。因此士族可以諸
侯的身份，推行儒家經典中的各項制度，如立廟、朝覲等，這是漢代士人儒
生所無法達成的。但在士人行諸侯禮時，由於過去這些制度只存在於經典之
中，在施行之際常有記載與現實情況衝突之例；為了化解理想與現實的衝突，

使士人產生許多對於諸侯禮的討論。在法制方面，西晉律令已有〈諸侯律〉與〈王公侯令〉，顯示西晉君臣對諸侯的重視；而在法制上對諸侯的優待，諸如八議、贖刑等，也是恢復周制的表現之一。但諸侯犯法在制度上仍須加以處罰，爵位只是減刑或抵罪之用，不能因擁有爵位而無罪，所謂「禮不下庶人，刑不上大夫」的儒家理想，在現實中並未真正實踐；另一方面，皇權推翻朝議的情形時常出現，干涉的結果常使大罪化小、小罪化無，而無罪者有時反遭受懲罰，這也是兩漢以來皇權凌駕於法律之上的延續，也象徵當時皇權仍有一定勢力。

整體來看，西晉五等爵在禮法官制中的安排，所參考者包含儒家經典、漢魏故事、士人意見，以及配合當時政治環境而制定，但在各方面的比重有所不同。如果是攸關皇權威望的大事，甚至牽涉到「封建」與「郡縣」的問題，基本上會採取漢魏故事或另設新制；至於一般朝覲、元會之禮，或八議、贖爵之法，則多援引周制。所以西晉的五等爵，不類周制，亦不似漢制，乃是折衷二者，並有所創新的體系，折衷的原因也許是皇權與士族間的利害衝突。西晉士族勢力雖然較為強盛，皇權並未因而衰微；因此西晉時期對禮法規定與案例的爭論，以及偏儒家經典或漢魏故事的情形，亦可視為士族與皇權暗鬥的表現。不過整體來看，西晉君臣雙方雖有暗鬥的情形，官僚體系與禮法秩序亦有調整，但本質上未有根本變動，其精神一直延續至唐代。

總而言之，在魏末晉初的封爵體系上，有參考周制的部分，如「五等」之制、以德封爵等；也有沿襲漢魏故事的部分，如金印紫綬、進賢冠與車駕等；同時也有因應當時政治局勢而創設之制，如以五等爵入一二品、五等與列侯並行、三分食一之制等，可知當時的改制是以古制為名，而在不同的情況下，以最適當的方式來解決現實問題。漢晉之間的封爵體系雖有許多不同之處，但也有先後繼承的關係。即使五等爵對許多經典記載的禮制與服制等加以實踐，但漢代以來列侯只食租稅，不管地方事務的原則，至西晉五等爵時未有本質上的改變。這也說明西晉時期士族政治勢力雖明顯上升，但皇權並未因此而衰微；在兩者皆有一定實力之時，雙方必須在各項制度上尋求最大公約數，以滿足雙方的期待與需求，而不致產生衝突。

在東漢與曹魏時期，開國皇帝對第一代開國功臣及其後代都有大規模的封賞，東漢光武帝劉秀如此，魏文帝曹丕亦然；而西晉初期也採取了相似的政策，只是西晉功臣多非以軍功作出貢獻。皇帝藉由封爵的動作，確保了這

些功臣即使死亡之後，其子孫不論仕官與否，仍爲本朝之臣。也就是說，西晉初年封爵的政策，並非獨創，而是一脈相承的情形。再加上前述諸例，國家（皇權）對封爵事務亦有相當的主導性，不像東晉時期皇權的積弱不振。因此，若以士族勢力強大，皇權無法干涉士族等面向來單獨解釋西晉政治與制度面向，至少在封爵方面，似乎並非如此。司馬氏所以能建立晉朝，功臣集團實功不可沒，因此在爵制上優待功臣也是情理之常，加上在高平陵政變後，曹魏宗室及臣子數次較大規模的反抗，反對司馬氏的勢力雖已基本消除，官僚之中仍不乏對魏晉禪讓之事有微詞者；且新王朝的建立，需要一批值得信賴的官僚主持朝政，故鞏固功臣集團，便爲司馬氏（主要爲晉武帝司馬炎）所重視之事。也就是說，從皇權的角度來看，維護功臣集團在政治上的優勢，對自身也是有益無害，未必是因士族集團有此需求，而皇權被迫讓步。且西晉高門士族在相當的程度上必須依賴皇權的支持才能維持，並非其主觀意願即可達成，這亦可間接看出皇權在當時仍有其影響力。

此外，忠與禮皆爲儒家的理念，兩者相較，「忠」強調對君主的忠誠，相對較爲積極；而「禮」強調君臣各有其規定，只要不違背即可，相對較爲消極。因此「禮」在承平時期，可以達到維繫國家秩序的功用；但在戰亂或政局動盪之時，「禮」與爵位已無法鼓勵臣爲君盡力，才能凸顯出「忠」的價值。這也是爲何在同樣的國策下，在承平之世（武帝時期）君臣關係與官僚秩序相對穩定，至政局動盪之時（惠帝以後）官僚秩序崩潰甚速，少有如嵇紹般挺身爲君盡忠之人，士族多爲其家族作安身之計。不論強調禮學者爲士族或皇權，總之「禮」在當時似已取代「忠」的觀念，成爲維繫君臣關係的主要方式。

士族五等爵的施行，一方面使士族具有經典中「諸侯」的身份，以達到等級區分的效果；另一方面，皇權也藉由授爵的動作，強化與士族間的君臣關係，即「天子──諸侯」的關係，即使官僚致仕或暫時免官，皇權仍具有與此官員有身份上的連結。因此施行五等爵，不僅是士族理想的實現，皇權在當中也有其主動性。此外，西晉讓五等諸侯之舊爵給予其子，代表將其家族與下一代與國家相連，這個作用是九品中正制所無法做到的。

總之，不論是漢魏故事或儒家經典，爵制一直與天子息息相關；而在魏晉時期，封爵依然是天子與士族間建立關係的重要方式之一。雖然魏晉時期士族的力量逐漸擴大，但晉武帝時，至少在爵制部分，對於各級封爵的分配

與安排，以及相關制度的配合，國家（皇權）仍有相當的主導性。更重要的是，當時爵制的中心在諸王，而非「不成制度」的五等爵，西晉滅亡重要原因之一是在於宗室，並非士族攬權。當然，當時士族較無理想性，進則以清談爲高，退則以保家爲務，也與西晉滅亡有關；然與東晉相較，士族在西晉政治中的影響力畢竟較低。因此在觀察西晉國家與制度發展之時，似亦需將皇權的因素納入，或可有更完整之理解。

綜合本文所述，西晉五等爵之所以「不成制度」，是因爲改制時所參考的對象包含儒家經典（周制）與漢魏故事（漢制）又考量現實政治局勢而成，許多部分不同於周制與漢制。整體說來，五等爵只有表面典禮朝儀上接近周制，在實際運作其實更接近漢制，也就是繼承秦漢以來以郡縣爲中心的中央集權體系。在改制過程中，士族實現長期以來所期望的五等爵制，士族本身也取得「諸侯」的身份，符合儒家經典中「以德詔爵」的原則；皇權則是在現實運作層面上依然堅持中央集權與郡縣制，未因五等爵的恢復而影響國家運作。因此這「不成制度」的五等爵，或許是皇權與士族雙方都可以接受的結果。

由於儒家經典是士人提倡或推動改制時的理論依據，在魏晉之際，皇權司馬氏「服膺儒教」，士人又成爲官僚集團中的核心，在改制時照理說應可大量徵引經典中的制度落實於當代，但實際情形似乎不是如此。一方面皇權運用儒家經典作爲治國的方針，但皇權多從維持國家秩序與中央集權的角度來詮釋、運用經典，故其立場常與士族不同；另一方面，漢魏諸儒鄭玄、王肅等人解經時，在許多方面的意見未必相同，加上不同經典對同一制度的解釋可能有所不同，以及經典與當代風俗民情未必相同等因素，可能都是西晉在禮、法、官制的改革上未能依照周制的原因。上述以咸熙改制爲中心，探討士人、皇權、經典與現實環境彼此之間的關係，是相當值得探討的問題，但因篇幅所限，希望能在日後處理這個問題。

徵引書目

一、史料與清代以前著作（依著者時代先後排序）

1. （春秋）管仲撰，黎翔鳳校注，梁運華整理，《管子校注》，北京：中華書局，2004。

2. （戰國）商鞅撰，蔣禮鴻錐指，《商君書錐指》，北京：中華書局，1986。

3. （戰國）荀況撰，（清）王先謙集解，沈嘯寰、王星賢點校，《荀子集解》（北京：中華書局，1988）。

4. （漢）司馬遷撰，《史記》，北京：中華書局，1974。

5. （漢）劉安編，劉文典集解，《淮南鴻烈集解》，北京：中華書局，1997。

6. （漢）班固撰，（唐）顏師古注，《漢書》，北京：中華書局，1974。

7. （漢）班固撰，（清）陳立疏證，吳則虞點校，《白虎通疏證》，北京：中華書局，1994。

8. （漢）鄭玄注，《禮記》，收於中華書局編輯部編，《漢魏古注十三經》，北京：中華書局，1998。

9. （漢）鄭玄注，《周禮》，收於中華書局編輯部編，《漢魏古注十三經》，北京：中華書局，1998。

10. （漢）鄭玄注，《儀禮》，收於中華書局編輯部編，《漢魏古注十三經》，北京：中華書局，1998。

11. （漢）王隆等撰，（清）孫星衍校集，《漢官六種》，臺北：臺灣中華書局，1985 台四版。

12. （漢）蔡邕，《蔡中郎集》，臺北：臺灣中華書局，1966 台一版。

13. （晉）陳壽撰，（宋）裴松之注，《三國志》，北京：中華書局，1974。

14. （晉）杜預撰，《春秋經傳集解》，收於中華書局編輯部編，《漢魏古注十

三經》，北京：中華書局，1998。

15. （晉）袁宏撰，張烈點校，《後漢紀》，北京：中華書局，2002。

16. （晉）常璩，《華陽國志》，臺北：臺灣中華書局，1966 台一版。

17. （劉宋）范曄撰，（唐）李賢等注，《後漢書》，北京：中華書局，1965。

18. （劉宋）劉義慶編，（梁）劉孝標注，楊勇校箋，《世說新語校箋》，北京：中華書局，2006。

19. （梁）沈約撰，《宋書》，北京：中華書局，1974。

20. （梁）蕭子顯撰，《南齊書》，北京：中華書局，1972。

21. （梁）蕭統編，（唐）李善注，《文選》，臺北：五南圖書公司，1991。

22. （北齊）魏收撰，《魏書》，北京：中華書局，1974。

23. （唐）魏徵等撰，《隋書》，北京：中華書局，1973。

24. （唐）房玄齡等撰，《晉書》，北京：中華書局，1974。

25. （唐）虞世南等撰，《北堂書鈔》，臺北：文海出版社，1978。

26. （唐）徐堅等撰，《初學記》，北京：中華書局，1962。

27. （唐）許敬宗編，羅國威整理，《日藏弘仁本文館詞林校證》，北京：中華書局，2001。

28. （唐）歐陽詢撰，《藝文類聚》，上海：上海古籍出版社，1999 新二版。

29. （唐）李林甫等撰，陳仲失點校，《唐六典》，北京：中華書局，1992。

30. （唐）杜佑撰，王文錦、王永興、劉俊文、徐庭雲、謝方點校，《通典》，北京：中華書局，1988。

31. （宋）司馬光編著，（元）胡三省音注，《資治通鑑》，北京：中華書局，1956。

32. （宋）歐陽修、宋祁撰，《新唐書》，北京：中華書局，1975。

33. （宋）李昉，《太平御覽》，北京：中華書局，1960。

34. （宋）洪邁，《隸釋》，北京：中華書局，1986。

35. （宋）洪邁，《隸續》，北京：中華書局，1986。

36. （宋）高承，《事物紀原集類》，臺北：新興書局，1969。

37. （元）朱禮，《漢唐事箋》，臺北：廣文書局，1976。

38. （清）趙翼著，王樹民校證，《廿二史劄記（訂補本）》，北京：中華書局，1984。

39. （清）趙翼著，欒保群、呂宗力校點，《陔餘叢考》，石家莊：河北人民出版社，1990。

40. （清）楊晨，《三國會要》，北京：中華書局，1956。

41. （清）朱彬撰，饒欽農點校，《禮記訓纂》，北京：中華書局，1996。

42. （清）王述菴，《金石萃編》，臺北：國風出版社，1964。

43. （清）劉承幹撰，《希古樓金石萃編》，收入國家圖書館善本金石組編，《歷代石刻史料彙編（第一冊）》，北京：北京圖書館出版社。

44. （清）胡聘之，《山右石刻叢編》，太原：山西人民出版社，1988。

45. （清）魏僖著，胡守仁、姚品文、王能憲校點，《魏叔子文集》，北京：中華書局，2003。

46. （清）楊守敬，《晦明軒稿》，臺北：臺灣商務印書館，1977台一版。

47. （清）錢大昕著，方詩銘、周殿潔校點，《廿二史考異》，上海：上海古籍出版社，2004。

48. （清）錢大昕著，陳文和、孫顯軍校點，《十駕齋養新錄》，南京：江蘇古籍出版社，2000。

49. （清）李慈銘，《越縵堂讀史札記全編》，北京：北京圖書館出版社，2003。

50. 程樹德，《九朝律考》，北京：中華書局，2003。

51. 張鵬一編著，徐清廉校補，《晉令輯存》，西安：三秦出版社，1989。

52. 二十五史刊行委員會編，《二十五史補編》，北京：中華書局，1955。

53. 張家山二四七號漢墓竹簡整理小組，《張家山漢墓竹簡：二四七號墓》，北京：文物出版社，2001。

二、專書（依作者姓名筆劃排序）

1. 卜憲群，《秦漢官僚制度》，北京：社會科學文獻出版社，2002。

2. 仁井田陞，《唐令拾遺》，東京：東京大學出版會，1964再版。

3. 王恢，《漢王國與侯國之演變》，臺北：國立編譯館中華叢書編審委員會，1984。

4. 王葆玹，《正始玄學》，濟南：齊魯書社，1987。

5. 王仲犖，《金泥玉屑叢考》，北京：中華書局，1998。

6. 毛漢光，《中國中古政治史論》，臺北：聯經出版事業公司，1990。

7. 毛漢光，《中國中古社會史論》，臺北：聯經出版事業公司，1988

8. 田餘慶，《東晉門閥政治》，北京：北京大學出版社，1989。

9. 矢野主稅，《門閥社會成立史》，東京：國書刊行會，1976。

10. 甘懷眞，《唐代家廟禮制研究》，臺北：臺灣商務印書館，1991。

11. 吉田虎雄，《魏晉南北朝租稅の研究》，東京：大安，1966二版。

12. 西嶋定生著，武尚清譯，《中國古代帝國的形成與研究——二十等爵制研究》，北京：中華書局，2004。

13. 朱和平，《中國服飾史稿》，鄭州：中州古籍出版社，2001。

14. 朱紹侯，《軍功爵制研究》，上海：上海人民出版社，1990。

15. 汪征魯，《魏晉南北朝選官體制研究》，福州：福建人民出版社，1995。

16. 呂思勉，《呂思勉讀史札記》，上海：上海古籍出版社，1982。

17. 何茲全，《中國古代及中世紀史》，廈門：鷺江出版社，2003。

18. 谷川道雄著，馬彪譯，《中國中世社會與共同體》，北京：中華書局，2002。

19. 周一良，《魏晉南北朝史札記》，北京：中華書局，2007二版。

20. 金春峰，《漢代思想史》，北京：中國社會科學出版社，1997二版。

21. 柳春藩，《秦漢封國食邑賜爵制》，瀋陽：遼寧人民出版社，1984。

22. 侯外廬，《中國封建社會史論》，北京：人民出版社，1979。

23. 姜濤，《人口與歷史——中國傳統人口結構研究》，北京：人民出版社，1998。

24. 侯外廬、趙紀彬、杜國庠、邱漢生著，《中國思想通史（第三卷）》，北京：人民出版社，1957。

25. 高敏，《魏晉南北朝經濟史》，上海：上海人民出版社，1996。

26. 宮川尚志，《六朝史研究（政治‧社會篇）》，京都：平樂寺書店，1956。

27. 宮崎市定，《科舉前史——九品官人法の研究》，京都：同朋舍，1974二版。

28. 栗原朋信，《秦漢史の研究》，東京：吉川弘文館，1960。

29. 韋慶遠、柏樺，《中國官制史》，上海：東方出版中心，2001。

30. 孫翊剛，《中國財政問題源流考》，北京：中國社會科學出版社，2001。

31. 祝總斌，《兩漢魏晉南北朝宰相制度研究》，北京：中國社會科學出版社，1998二版。

32. 徐少華，《周代南土歷史地理與文化》，武漢：武漢大學出版社，1994。

33. 徐復觀，《周官成立之年代及其思想性格》，臺北：臺灣學生書局，1980。

34. 徐復觀，《兩漢思想史（第一卷）》，上海：華東師範大學出版社，2001。

35. 陳寅恪，《陳寅恪魏晉南北朝史講演錄》，合肥：黃山書社，1987。

36. 陳寅恪，《隋唐制度淵源略論稿》，石家莊：河北教育出版社，2002。

37. 陳戍國，《中國禮制史（秦漢卷）》，長沙：湖南教育出版社，2002二版。

38. 陳戍國，《中國禮制史（魏晉南北朝卷）》，長沙：湖南教育出版社，2002二版。

39. 陳長琦，《兩晉南朝政治史稿》，開封：河南大學出版社，1992。

40. 陳啓雲，《中國古代思想文化的歷史論析》，北京：北京大學出版社，2001。

41. 陶希聖，《中國政治思想史（三）》，臺北：食貨出版社，1982 再版。

42. 陶希聖，《中國政治制度史（第三冊魏晉南北朝）》，臺北：啓業書局，1973。

43. 張晉藩主編，《中國法律史》，北京：法律出版社，1995。

44. 梁方仲，《中國歷代戶口、田地、田賦統計》，上海：上海人民出版社，1980。

45. 渡邊信一郎，《天空の玉座——中國古代帝國の朝政と儀禮》，東京：柏書房，1996。

46. 黃惠賢、陳鋒主編，《中國俸祿制度史》，武漢：武漢大學出版社，2005。

47. 程幸超，《中國地方行政制度史》，成都：四川人民出版社，1992。

48. 賀昌群，《漢唐間封建土地所有制形式研究》，收入賀昌群，《賀昌群史學論集（第二卷）》，北京：商務印書館，2003。

49. 越智重明，《魏晉南朝の貴族制》，東京：研文出版，1982。

50. 湯用彤，《魏晉玄學論稿》，上海：上海古籍出版社，2001。

51. 楊濤，《中國封建賦役制度研究》，昆明：雲南大學出版社，1998。

52. 楊光輝，《漢唐封爵制度》，北京：學苑出版社，1999。

53. 楊志剛，《中國禮儀制度研究》，上海：華東師範大學出版社，2001。

54. 楊鶴皋，《魏晉隋唐法律思想研究》，北京：北京大學出版社，1995。

55. 葛志毅，《周代分封制度研究》，哈爾濱：黑龍江人民出版社，1992。

56. 葛劍雄，《中國人口發展史》，福州：福建人民出版社，1991。

57. 鈴木俊，《均田、租庸調制度の研究》，東京：刀水書房，1980。

58. 萬繩楠，《魏晉南北朝史論稿》，臺北：昭明出版社，1999。

59. 趙超，《漢魏南北朝墓誌彙編》，天津：天津古籍出版社，1992。

60. 趙文林、謝淑君，《中國人口史》，北京：人民出版社，1988。

61. 廖伯源，《簡牘與制度——尹灣漢墓簡牘官文書考證》，臺北：文津出版社，1998。

62. 劉澤華，《中國的王權主義》，上海：上海人民出版社，2000。

63. 劉澤華，《先秦士人與社會》，天津：天津人民出版社，2004。

64. 劉澤華主編，《中國古代政治思想史》，天津：南開大學出版社，1992。

65. 劉澤華主編，《中國傳統政治哲學與社會整合》，北京：中國社會科學出版社，2000。

66. 劉振東，《中國儒學史（魏晉南北朝卷）》，廣州：廣東教育出版社，1998。

67. 劉道元，《中國中古時期的田賦制度》，臺北：食貨出版社，1978 臺灣再版。

68. 閻步克，《品位與職位 —— 秦漢魏晉南北朝官階制度研究》，北京：中華書局，2002。

69. 衛廣來，《漢魏晉皇權嬗代》，太原：書海出版社，2002。

70. 瞿同祖，《中國法律與中國社會》，收入瞿同祖，《瞿同祖法學論著集》，北京：中國政法大學出版社，1998。

71. 韓國磐，《中國古代法制史研究》，北京：人民出版社，1993。

72. 藤川正數，《魏晉時代における喪服禮の研究》，東京：敬文社，1960。

73. 譚其驤，《中國歷史地圖集》第二、三、四冊，上海：地圖出版社，1982。

74. 羅宗強，《玄學與魏晉士人心態》，天津：南開大學出版社，2003。

75. 嚴耕望，《中國地方行政制度史（乙部魏晉南北朝地方行政制度）》，臺北：中央研究院歷史語言研究所專刊之四十五（B），1997 四版。

三、論文（依作者姓名筆劃排序）

1. 丁愛博著，張琳譯，牟發松校改，〈《中國中世紀早期的國家與社會》導言〉，載《魏晉南北朝隋唐史資料》，14（武漢，1996），頁 182-198。

2. 川合安，〈西晉王浚妻華芳墓誌について〉，載《唐代史研究》，4（東京，2001），頁 4-17。

3. 川勝義雄，〈曹操軍團的構成〉，收入川勝義雄著，徐谷梵、李濟滄譯，《六朝貴族制社會研究》（上海：上海古籍出版社，2007），頁 85-102。

4. 小林聰，〈西晉における禮制秩序の構築とその變質〉，載《九州大學東洋史論集》30，2002，頁 27-60。

5. 戶川貴行，〈魏晉南北朝の民爵賜與について〉，載《九州大學東洋史論集》，30（福岡，2001），頁 61-85。

6. 毛漢光，〈中古統治階層的社會基礎〉，收入毛漢光，《中國中古社會史論》（臺北：聯經出版事業公司，1988），頁 3-30。

7. 毛漢光，〈三國政權的社會基礎〉，原載《中央研究院歷史語言所集刊》，46：1（臺北，1974）；後收入毛漢光，《中國中古社會史論》（臺北：聯經出版事業公司，1988），頁 107-138。

8. 王安泰，〈「開國」制度的建立 —— 魏晉五等爵制變化的一個考察〉，宣讀於北京大學古代史研究中心主辦，「第二屆中國中古史青年學者聯誼會」（北京：北京大學，2008）。

9. 王世民，〈西周春秋金文中的諸侯爵稱〉，原載《歷史研究》，3（北京，1983）；後收入王世民，《商周銅器與考古學史論集》（臺北：藝文印書館，2008），頁 114-137。

10. 方詩銘，〈何晏在曹魏高平陵政變前後〉，載《史林》，3（上海，1998），

頁 10-19。

11. 甘懷眞,〈漢唐間的喪服禮與政治秩序〉,收入甘懷眞,《皇權、禮儀與經典詮釋──中國古代政治史研究》(臺北:臺大出版中心,2004),頁 391-440。

12. 北京市文物工作隊,〈北京西郊西晉王浚妻華芳墓清理簡報〉,載《文物》,12(北京,1965),頁 21-24。

13. 本田濟,〈魏晉における封建論〉,原載《人文研究》,6:6(大阪,1955);後收入本田濟,《東洋思想研究》(東京:創文社,1987),頁 43-48。

14. 石岡浩,〈江陵張家山漢簡奏讞書にそる爵位とその意味〉,載《法史學研究會會報》,6(東京,2001),頁 1-40。

15. 布目潮渢,〈前漢侯國考〉,原載《東洋史研究》,13:5(東京,1955);後收入布目潮渢,《布目潮渢中國史論集(上卷)》(東京:汲古書院,2003),頁 35-60。

16. 守屋美都雄,〈曹魏爵制に關する二三の考察〉,原載《東洋史研究》,20:4(東京,1962);後收入守屋美都雄,《中國古代の家族と國家》(京都:東洋史研究會,1968),頁 214-249。

17. 西嶋定生,〈魏的屯田制──圍繞其廢除問題〉,收入西嶋定生著,馮佐哲、邱茂、黎潮合譯,《中國經濟史研究》(北京:農業出版社,1984),頁 211-273。

18. 朱大渭,〈兩晉南北朝的官俸〉,原載《中國經濟史研究》,4(北京,1986);後收入朱大渭,《六朝史論》(北京:中華書局,1998),頁 246-269。

19. 朱紹侯,〈軍功爵制在西漢的變化〉,原載《河南師範大學學報》,1(開封,1983),後收入朱紹侯,《軍功爵制考論》(北京:商務印書館,2008),頁 321-344。

20. 朱紹侯,〈關內侯在漢代爵制中的地位〉,原載《史學月刊》,1(鄭州,1987);後收入朱紹侯,《軍功爵制考論》,頁 378-387。

21. 朱紹侯,〈西漢初年軍功爵制的等級劃分──《二年律令》與軍功爵制研究之一〉,原載《河南大學學報(社會科學版)》,5(開封,2002);後收入朱紹侯,《朱紹侯文集》(開封:河南大學出版社,2005),頁 127-136。

22. 全漢昇,〈中古自然經濟〉,原載《中央研究院歷史語言研究所集刊》10,1941;後收入全漢昇,《中國經濟史研究(一)》(臺北:稻香出版社,2003再版),頁 1-141。

23. 伊藤敏雄,〈西晉諸侯の秩奉についての一試論〉,收入岡本敬二先生退官記念論集刊行會編,《アジア諸民族における社會と文化──岡本敬二先生退官記念論集》(東京:國書刊行會,1984),頁 77-88。

24. 伊藤敏雄,〈正始の政變をめぐって──曹爽政權の人的構成を中心

に〉，收入野口鐵郎編，《中國史における亂の構圖》（東京：雄山閣，1986），頁 241-269。

25. 谷霽光，〈論漢唐間賦稅制度的變化〉，原載《江西大學學報》，2（南昌，1964）；後收入谷霽光，《谷霽光文集（第二卷）》（南昌：江西人民出版社、江西教育出版社，1996），頁 163-198。

26. 余英時，〈名教危機與魏晉士風的演變〉，收入余英時，《中國知識階層史論（古代篇）》，（臺北：聯經出版事業公司，1980），頁 329-372。

27. 余英時，〈漢晉之際士之新自覺與新思潮〉，收入余英時，《中國知識階層史論》（古代篇），頁 205-327。

28. 余嘉錫，〈晉辟雍碑考證〉，原載《輔仁學志》，3：1（北京，1932）；後收入洛陽市文物局、洛陽白馬寺漢魏故城文物保管所編，《漢魏洛陽故城研究》（北京：科學出版社，2000），頁 736-757。

29. 吳榮曾，〈西漢王國官制考實〉，原載《北京大學學報（哲學社會科學版）》，3（北京，1990）；後收入吳榮曾，《先秦秦漢史研究》（北京：中華書局，1995），頁 285-309。

30. 杜紹順，〈漢代封君「衣食租稅」辨〉，載《華南師範大學學報》，3（廣州，1989），頁 87-91、100。

31. 李文才，〈孫吳封爵制度研究——以封侯為中心〉，載《漢學研究》，23：1（臺北，2005），頁 131-164。

32. 李均明，〈張家山漢簡所反映的二十等爵制〉，載《中國史研究》，2（北京，2002），頁 37-47。

33. 周國林，〈西晉諸侯四分食一制考略〉，原載《中國社會經濟史研究》，4（廈門，1991）；後與他文合併，名為〈《初學記·寶器部》所引《晉故事》新解〉，收入周國林，《戰國迄唐田租制度研究》（武昌：華中師範大學出版社，1993），頁 77-97。

34. 周國林，〈曹魏畝收租四升辨誤〉，載《江漢論壇》，1（武漢，1982），頁 67-70。

35. 周國林，〈曹魏西晉租調制度的考實與評價〉，載《華中師院學報》，增刊號（武漢，1982），頁 100-131。

36. 周偉洲等，〈新出土的四方韋氏墓誌考釋〉，載《文博》，2（西安，2000），頁 65-72。

37. 邱信義，〈五等爵說研究〉，臺北：臺灣大學中國文學研究所碩士論文，1970。

38. 河南省文化局文物工作隊第二隊，〈洛陽晉墓的發掘〉，原載《考古學報》，1（北京，1957）；後收入洛陽市文物局、洛陽白馬寺漢魏故城文物保管所編，《漢魏洛陽故城研究》，頁 321-337。

39. 柳春藩,〈關於西晉田賦制度問題〉,原載《史學集刊》,1（長春,1993）; 後收入柳春藩,《秦漢魏晉經濟制度研究》（哈爾濱:黑龍江人民出版社, 1993）,頁 269-287。

40. 柳春藩,〈試論占田制下的生產關係〉,原載《史學集刊》,1（長春,1957）; 後收入柳春藩,《秦漢魏晉經濟制度研究》,頁 253-268。

41. 柳春藩,〈西漢的食邑制度〉,原載《南充師範學院學報》,2（南充,1984）; 後收入柳春藩,《秦漢封國食邑賜爵制》（瀋陽:遼寧人民出版社,1984）, 頁 108-146。

42. 柳春藩,〈曹魏西晉的封國食邑制〉,原載《史學集刊》,1（長春 1993）; 後收入柳春藩,《秦漢魏晉經濟制度研究》,頁 287-297。

43. 侯外廬,〈魏晉南北朝社會經濟的構成〉,收入侯外廬,《中國封建社會史 論》（北京:人民出版社,1979）,頁 123-146。

44. 俞偉超、高明,〈周代用鼎制度考〉,原載《北京大學學報》,3（北京, 1978）;後收入俞偉超,《先秦兩漢考古學論集》（北京:文物出版社, 1985）,頁 62-114。

45. 唐長孺,〈西晉戶調式的意義〉,收入唐長孺,《魏晉南北朝史論叢續編》 （石家莊:河北教育出版社,2000）,頁 437-454。

46. 唐長孺,〈西晉分封與宗王出鎮〉,收入唐長孺,《魏晉南北朝史論拾遺》 （北京:中華書局,1983）,頁 123-140。

47. 唐長孺,〈魏晉南朝的君父先後論〉,收入唐長孺,《魏晉南北朝史論拾 遺》,頁 233-248。

48. 唐長孺,〈東漢末期的大姓名士〉,收入唐長孺,《魏晉南北朝史論拾遺》, 頁 25-52。

49. 唐長孺,〈士族的形成和升降〉,收入唐長孺,《魏晉南北朝史論拾遺》, 頁 53-63。

50. 唐長孺,〈士人蔭族特權和士族隊伍的擴大〉,收入唐長孺,《魏晉南北朝 史論拾遺》,頁 64-78。

51. 唐長孺,〈西晉田制試釋〉,收入唐長孺,《魏晉南北朝史論叢》（石家莊: 河北教育出版社,2000）,頁 35-55。

52. 徐復觀,〈漢代專制政治下的封建問題〉,收入徐復觀,《兩漢思想史（第 一卷）》（上海:華東師範大學出版社,2001）,頁 96-119。

53. 高敏,〈論兩漢賜爵制度的歷史演變〉,收入高敏,《秦漢史論稿》（臺北: 五南圖書出版公司,2002）,頁 35-60。

54. 高敏,〈從《二年律令》看西漢前期的賜爵制度〉,原載《文物》,9（北 京,2002）;後收入高敏,《秦漢魏晉南北朝史論考》（北京:中國社會科 學出版社,2004）,頁 136-144。

55. 高志辛，〈西晉課田考釋〉，收入中國社會科學院歷史研究所魏晉南朝隋唐史研究室編，《魏晉隋唐史論集（第一輯）》（北京：中國社會科學出版社，1981），頁125-138。

56. 祝總斌，〈略論晉律的「寬簡」和「周備」〉，原載《北京大學學報》，2（北京，1983）；後收入祝總斌，《材不材齋文集上編——中國古代史研究》（西安：三秦出版社，2006），頁348-374。

57. 祝總斌，〈略論晉律之「儒家化」〉，原載《中國史研究》，2（北京，1985）；後收入祝總斌，《材不材齋文集上編——中國古代史研究》，頁375-404。

58. 宮崎市定著，夏日新譯，〈晉武帝戶調式研究〉，收入劉俊文主編，《日本學者研究中國史論著選譯（第四卷）》（北京：中華書局，1992），頁109-133。

59. 神矢法子，〈晉時代における王法と家禮〉，載《東洋學報》，60：1‧2（東京，1978），頁19-53。

60. 馬志冰，〈從魏晉之際官僚貴族世襲特權的法律化制度化看士族門閥制度的確立與發展〉，載《中國文化研究》，1（北京，2000），頁58-65。

61. 陳寅恪，〈書世說新語文學類鍾會撰四本論始畢條後〉，原載《中山大學學報》，3（廣州，1953）；後收入陳寅恪，《金明館叢稿初編》（北京：三聯書店，2001），頁47-54。

62. 陳寅恪，〈崔浩與寇謙之〉，原載《嶺南學報》，11：1（廣州，1950）；後收入陳寅恪，《金明館叢稿初編》，頁120-158。

63. 陳恩林，〈先秦兩漢文獻中所見周代諸侯五等爵〉，《歷史研究》，6（北京，1994），頁59-72。

64. 陳直，〈晉徐美人墓石考釋〉，原載《河南文博通訊》，1（鄭州，1980）；後收入洛陽市文物局、洛陽白馬寺漢魏故城文物保管所編，《漢魏洛陽故城研究》，頁767-770。

65. 陳明光，〈孫吳封爵制度商探〉，原載《中國史研究》，3（北京，1995）；後收入陳明光，《漢唐財政史稿》（長沙：岳麓書社，2003），頁43-51。

66. 陳明光，〈曹魏的封爵制度與食邑支出〉，載《西北師範大學學報》，2（蘭州，2005），頁55-61。

67. 陳啓雲，〈中國中古「士族政治」的問題〉，原載《新亞學報》，1977；後收入陳啓雲，《中國古代思想文化的歷史論析》（北京：北京大學出版社，2001），頁318-348。

68. 陳啓雲，〈魏晉南北朝知識份子的特色〉，原載《中央研究院國際漢學會議論文集》，1981；後收入陳啓雲，《中國古代思想文化的歷史論析》，頁297-317。

69. 陳長琦，〈魏晉南朝世族對國家權力中心的作用方式〉，原載《華南師範大學學報》，3（廣州，1991）；後收入陳長琦，《戰國秦漢六朝史研究》（廣

州：廣東人民出版社，1997），頁 279-293。

70. 陳長琦，〈魏晉九品官人法再探討〉，原載《歷史研究》，6（北京，1995）；後收入陳長琦，《戰國秦漢六朝史研究》，頁 243-264。

71. 陳長琦，〈魏晉南朝的資品與官品〉，原載《歷史研究》，6（北京，1990），頁 39-50；後收入陳長琦，《戰國秦漢六朝史研究》，頁 221-242。

72. 陳連慶，〈占田制的形成及存續問題〉，原載《魏晉南北朝史研究》（四川：四川省社會科學院出版社，1986）；後收入陳連慶，《中國古代史研究（上）》（長春，吉林文史出版社，1991），頁 516-539。

73. 陶元珍，〈魏咸熙中開建五等考〉，載《禹貢》，6：1（北京，1936），頁 23-26。

74. 張傳璽，〈從「授民授疆土」到「衣食租稅」〉，收入張傳璽，《秦漢問題研究（增訂本）》（北京：北京大學出版社，1995），頁 101-108。

75. 張學鋒，〈西晉諸侯分食制度考實〉，載《中國史研究》，1（北京，2001），頁 27-42。

76. 張興成，〈西晉王國職官制度考述〉，載《中國史研究》，4（北京，2001），頁 53-64。

77. 張榮明、王文濤，〈《晉書》中的「私」概念〉，收入劉澤華、張榮明等著，《公私觀念與中國社會》（北京：中國人民大學出版社，2003），頁 106-132。

78. 堀敏一，〈晉泰始律令の成立〉，載《東洋文化》，60（東京，1980），頁 23-42。

79. 黃明蘭，〈曹魏東武侯王基墓碑考釋〉，原載《中原文物》，特刊（鄭州，1981）；後收入洛陽市文物局、洛陽白馬寺漢魏故城文物保管所編，《漢魏洛陽故城研究》，頁 758-761。

80. 黃明蘭，〈西晉散騎常侍韓壽墓表跋〉，原載《文物》，1（北京，1982）；後收入洛陽市文物局、洛陽白馬寺漢魏故城文物保管所編，《漢魏洛陽故城研究》，頁 762-766。

81. 黃明蘭，〈西晉裴祇和北魏元暐兩墓拾零〉，原載《文物》，1（北京，1982）；後收入洛陽市文物局、洛陽白馬寺漢魏故城文物保管所編，《漢魏洛陽故城研究》，頁 663-668。

82. 傅斯年，〈論所謂五等爵〉，原載《中央研究院歷史語言研究所集刊》，2：1（廣州，1930）；後收入傅斯年，《民族與古代中國史》（石家莊：河北教育出版社，2002），頁 91-115。

83. 馮輝，〈漢代封國食邑制度的本質〉，載《求是學刊》，6（哈爾濱，1983）。

84. 富谷至，〈晉泰始律令への道──第二部 魏晉の律と令〉，載《東方學報》，73（京都，2001），頁 49-84。

85. 渡邊信一郎，〈荀子の國家論〉，載《史林》，66：1（京都，1983）。後收入渡邊信一郎，《中國古代國家の思想構造 —— 專制國家とイデオロギー》（東京：校倉書房，1994），頁 26-63。

86. 渡邊信一郎撰，徐世虹譯，〈漢代的財政運作和國家物流〉，載劉俊文主編《日本中青年學者論中國史（上古秦漢卷）》（上海：上海古籍出版社，1995），頁 373-405。

87. 渡邊義浩，〈西晉における五等爵制と貴族制の成立〉，載《史學雜誌》，116：3（東京，2007），頁 1-31。

88. 越智重明，〈西晉の封王の制〉，原載《東洋學報》，42：1（東京，1959）；後增訂爲〈封王の制と八王の亂〉，收入越智重明，《魏晉南朝の政治と社會》（東京：吉川弘文館，1963），頁 354-374。

89. 越智重明，〈六朝の免官、除爵、削名〉，載《東洋學報》，74：3·5（東京，1993）；後收入越智重明，《中國古代の政治と社會》（福岡：中國書店，2000），頁 620-644。

90. 越智重明，〈晉爵と宋爵〉，載《史淵》，85（福岡，1961）。後與他文合併，名爲〈五等爵制〉，收入越智重明，《魏晉南朝の政治と社會》，頁 249-353。

91. 楊寬，〈論秦漢的分封制〉，原載《中華文史論叢》，1（上海，1980），後收入楊寬，《楊寬古史論文選集》（上海：上海人民出版社，2003），頁 130-145。

92. 楊聯陞，〈晉代經濟史釋論〉，收入楊聯陞，《國史探微》（臺北：聯經出版事業公司，1983），頁 291-330。

93. 楊光輝，〈西晉五等爵制的租秩〉，載《文史》，31（北京，1988），頁 315-320。

94. 楊光輝，〈官品、封爵與門閥制度〉，載《杭州大學學報》，4（杭州，1990），頁 90-97。

95. 廖伯源，〈漢代爵位制度試釋〉，載《新亞學報》，10：1 下（香港，1973），頁 93-184。

96. 廖伯源，〈試論西漢時期列侯與政治之關係〉，載《新亞學報》，14（香港，1984），頁 123-162。

97. 熊德基，〈曹操政權的階級性質及其入魏後之變質與滅亡〉，收入熊德基，《六朝史考實》（北京：中華書局，2000），頁 77-113。

98. 黎虎，〈西晉占田制的歷史淵源〉，原載《中國史研究》，3（北京，1985）；後收入黎虎，《魏晉南北朝史論》（北京：學苑出版社，1999），頁 221-254。

99. 潘武肅，〈西晉泰始頒律的歷史意義〉，載《香港中文大學中國文化研究所學報》，22（香港，1991），頁 1-17。

100. 閻步克，〈《魏官品》產生時間考〉，收入閻步克，《品位與職位 —— 秦漢

魏晉南北朝官階制度研究》（北京：中華書局，2002），頁 226-238。

101. 閻步克，〈南齊官品拾遺〉，收入閻步克，《品位與職位 —— 秦漢魏晉南北朝官階制度研究》，頁 284-296。

102. 閻步克，〈北魏對蕭梁的官僚制反饋〉，收入閻步克，《品位與職位 —— 秦漢魏晉南北朝官階制度研究》，頁 360-409。

103. 錢穆，〈略述劉卲人物志〉，收入錢穆，《中國學術思想史論叢（三）》（臺北：東大圖書公司，1993 四版），頁 53-60。

104. 錢穆，〈略論魏晉南北朝學術文化與當時門第之關係〉，收入錢穆，《中國學術思想史論叢（三）》（臺北：東大圖書公司，1993 四版），頁 134-199。

105. 韓格理，〈天高皇帝遠：中國的國家結構及其合法性〉，收入韓格理，《中國社會與經濟》（臺北：聯經出版事業公司，1990），頁 103-134。

106. 鄺士元，〈試論魏晉士風不競之成因〉，收入鄺士元，《魏晉南北朝研究論集》（臺北：文史哲出版社，1984），頁 1-27。

107. 鄺士元，〈魏晉門第勢力轉移與治亂關係〉，收入鄺士元，《魏晉南北朝研究論集》，頁 29-79。

108. 鄺士元，〈曹魏屯田考〉，收入鄺士元，《魏晉南北朝研究論集》，頁 81-120。

109. 龐駿，〈西晉士族掌軍權初探〉，載《西南師範大學學報（哲社版）》，1（重慶，1999），頁 109-115。

110. 羅新，〈試論曹操的爵制改革〉，載《文史》，80（北京，2007），頁 51-61。

111. 藤田高夫，〈漢代の軍功與爵制〉，載《東洋史研究》，53：2（東京，1994），頁 33-54。

112. 藤家禮之助，〈西晉の田制と稅制〉，原載《史觀》，73（東京，1966）；後收入藤家禮之助，《漢三國兩晉南北朝の田制と稅制》（東京：東海大學出版會，1989），頁 163-190。

113. 藤家禮之助，〈西晉諸侯の秩奉 ——「初學記」所引「晉故事」の解釋をめぐって ——〉，載《東洋史研究》，27：2（東京，1968），後收入藤家禮之助，《漢三國兩晉南朝の田制と稅制》，頁 191-210。

114. 顧江龍，〈漢唐間的爵位、勛官與散官 —— 品位結構與等級特權視角的研究〉，北京：北京大學歷史學系博士論文，2007。

115. 顧廷龍，〈大晉龍興皇帝三臨辟雍皇太子又再蒞之盛德隆熙之頌跋〉，原載《燕京學報》，1（北京，1931）；後收入洛陽市文物局、洛陽白馬寺漢魏故城文物保管所編，《漢魏洛陽故城研究》，頁 725-735。

漢末魏晉封爵總表 〔註1〕

一、縣　侯

人名	字	本籍	爵　位	得爵原因	食邑	得爵年	出　　處	備　註
曹■		南陽新野	育陽侯	襲養父節爵〔註2〕		光和五年	《後漢書》卷68〈宦者曹節傳〉	
楊彪	文先	弘農華陰	臨晉侯	襲父賜爵		中平二年	《後漢書》卷54〈楊震附彪傳〉	建安十一年奪封
劉虞	伯安	東海郯縣	容丘侯	平張純功封		中平六年	《後漢書》卷73〈劉虞傳〉	
朱■			華容侯	襲養父瑀爵〔註3〕		靈帝時	《後漢書》卷68〈宦者曹節傳〉	
劉璋	季玉	江夏竟陵	陽成侯	襲父焉爵		興平元年	《三國志》卷31〈蜀書・劉璋傳〉	

〔註1〕　本表制定的原則如下：
　　一、自稱、自封之爵非國家任命，故不列入。
　　二、蜀、吳所封之爵，與漢末魏晉政權無直接關係，亦不列入。
　　三、異族所封王，如親魏倭王、代王等，與率義侯、附義侯之爵，此屬於對
　　　　外關係的課題，在此暫不列入。
　　四、■代表姓或名闕載者。
　　五、本表以爵級爲分類方式，各爵級再按照年代排序，故子襲父爵者另列於
　　　　後，如此較能看出封爵大勢。
　　六、本表以封爵人次爲計算方式，如徐晃歷亭侯、鄉侯、縣侯，則三表皆列
　　　　之。
　　七、建安元年以前所封爵，有部分受爵者在建安元年後仍存活，且可能仍保
　　　　持其爵位的情形下，方列於表中。
　　八、爲使表格明確，除史書直接記載襲封者與紹封者受爵之年外，皆以原受
　　　　爵者之卒年爲襲爵之年，暫不考慮是否有服三年喪的問題。
　　九、建安二十四年以前劉備與孫氏父子之封爵，由於兩者尚未稱王，暫將其
　　　　勢力之封爵視爲東漢所封，附列表中。
〔註2〕　未知曹■在建安年間是否仍保有爵位。
〔註3〕　未知朱■在建安年間是否仍保有爵位。

張楊	稚叔	雲中	晉陽侯	將兵控安邑		興平二年	《三國志》卷 8〈魏書·張楊傳〉	
劉邈		南陽蔡陽	陽都侯	至長安奉章貢獻	初平元年	《後漢書》卷 42〈琅邪孝王京傳〉	劉姓宗室
袁術	公路	汝南汝陽	陽翟侯	李催授	初平三年	《三國志》卷 6〈魏書·袁術傳〉	建安二年自稱帝
呂布	奉先	五原九原	溫 侯〔註4〕	誅董卓功封	初平三年	《三國志》卷 7〈魏書·呂布傳〉	
劉表	景升	山陽高平	成武侯	李催郭汜封	初平三年	《三國志》卷 6〈魏書·劉表傳〉	
公孫瓚	伯珪	遼西令支	易 侯		初平三年	《三國志》卷 8〈魏書·公孫瓚傳〉	
張繡		武威祖厲	宣威侯〔註5〕	軍 功	初平三年	《三國志》卷 8〈魏書·張繡傳〉	
劉琬		南陽蔡陽	汶陽侯	至長安奉章貢獻	初平四年	《後漢書》卷 42〈東海恭王彊傳〉	劉姓宗室
曹操	孟德	沛國譙縣	武平侯	進 爵	建安元年	《三國志》卷 1〈魏書·武帝紀〉	
袁紹	本初	汝南汝陽	鄴 侯	進 封	建安元年	《三國志》卷 6〈魏書·袁紹傳〉	紹讓侯不受
伏完		琅邪東武	不其侯	翼車駕之功	建安元年	《後漢書》卷 10 下〈獻帝伏皇后傳〉、同書卷 72〈董卓傳〉	
孫策	伯符	吳郡富春	烏程侯	襲父堅爵	建安二年	《三國志》卷 46〈吳書·孫策傳〉	
孫策	伯符	吳郡富春	吳 侯	改 封	建安三年	《三國志》卷 46〈吳書·孫策傳〉	
徐琨		吳郡富春	廣德侯	從破李術功	建安四年	《三國志》卷 50〈吳書·權徐夫人傳〉	
徐矯		吳郡富春	廣德侯	襲父琨爵	建安八年	《三國志》卷 50〈吳書·權徐夫人傳〉	
公孫康		遼東襄平	襄平侯	斬送袁尚首	建安十二年	《三國志》卷 8〈魏書·公孫度傳〉	
張泉		武威祖厲	宣威侯	襲父繡爵	建安十二年	《三國志》卷 8〈魏書·張繡傳〉	建安二十四年坐與魏諷反誅國除
伏典		琅邪東武	不其侯	襲父完爵	建安十四年	《後漢書》卷 10 下〈獻帝伏皇后紀〉	建安十九年國除

〔註 4〕 《三國志·呂布傳》裴注引《英雄記》云呂布興平中為平陶侯。

〔註 5〕 未知張繡降曹操後是否改封或降封。

曹植	子建	沛國譙縣	平原侯	以父操所讓縣封	5000戶	建安十六年	《三國志》卷1〈魏書・武帝紀〉裴注引《魏書》	
曹據		沛國譙縣	范陽侯	以父操所讓縣封	5000戶	建安十六年	《三國志》卷1〈魏書・武帝紀〉裴注引《魏書》	
曹林〔註6〕		沛國譙縣	饒陽侯	以父操所讓縣封	5000戶	建安十六年	《三國志》卷20〈魏書・沛穆王林傳〉	
曹植	子建	沛國譙縣	臨菑侯	徙　封	5000戶	建安十九年	《三國志》卷19〈魏書・陳思王植傳〉	
張魯	公祺〔註7〕	沛國豐縣	閬中侯〔註8〕	降曹操	10000戶	建安二十年	《後漢書》卷75〈劉焉傳〉、《三國志》卷8〈張魯傳〉、同書卷1〈武帝紀〉	
曹彰	子文	沛國譙縣	鄢陵侯			建安二十一年	《三國志》卷1〈魏書・武帝紀〉	
曹峻	子安	沛國譙縣	郿　侯			建安二十一年	《三國志》卷20〈魏書・陳留恭王峻傳〉	
曹彪	朱虎	沛國譙縣	壽春侯			建安二十一年	《三國志》卷20〈魏書・楚王彪傳〉	
賀齊	公苗	會稽山陰	山陰侯	破尤突功		建安二十一年	《三國志》卷60〈吳書・賀齊傳〉	疑爲吳爵
曹據		沛國譙縣	宛　侯	徙　封		建安二十二年	《三國志》卷20〈魏書・彭城王據傳〉	
曹宇	彭祖	沛國譙縣	魯陽侯	改　封		建安二十二年	《三國志》卷20〈魏書・燕王宇傳〉	
曹林		沛國譙縣	譙　侯	徙　封		建安二十二年	《三國志》卷20〈魏書・沛穆王林傳〉	
曹袞		沛國譙縣	贊　侯	改　封		建安二十二年	《三國志》卷20〈魏書・中山恭王袞傳〉	
曹峻	子安	沛國譙縣	襄邑侯	徙　封		建安二十二年	《三國志》卷20〈魏書・陳留恭王峻傳〉	
曹敏		沛國譙縣	臨晉侯	父均，奉矩後		建安二十二年	《三國志》卷20〈魏書・范陽閔王矩傳〉	
曹幹		沛國譙縣	弘農侯	改　封		建安二十二年	《三國志》卷20〈魏書・趙王幹傳〉	

〔註6〕 《三國志・武帝紀》裴注引《魏書》作曹豹，錢大昕認爲曹林一名曹豹，參錢大昕，《廿二史考異》，卷15，〈三國志一〉「沛穆王林」條，頁288。

〔註7〕 《後漢書・劉焉傳》作公旗。

〔註8〕 《華陽國志・漢中志》作襄平侯。

曹整		沛國譙縣	郿 侯			建安二十二年	《三國志》卷20〈魏書·郿戴公子整傳〉	明年薨，無子
曹均		沛國譙縣	樊 侯			建安二十二年	《三國志》卷20〈魏書·樊安公均傳〉	
曹徽		沛國譙縣	歷城侯			建安二十二年	《三國志》卷20〈魏書·東平靈王徽傳〉	
曹茂		沛國譙縣	平輿侯			建安二十三年	《三國志》卷20〈魏書·樂陵王茂傳〉	
曹抗		沛國譙縣	樊 侯	襲父均爵		建安二十四年	《三國志》卷20〈魏書·樊安公均傳〉	
孫權	仲謀	吳郡富春	南昌侯	曹操表薦		建安二十四年	《三國志》卷47〈吳書·吳主權傳〉	
向舉			青衣侯	時 爵		建安二十五年	《三國志》卷32〈蜀書·先主傳〉、《華陽國志》卷6〈劉先主志〉	
馬騰	壽成	扶風茂陵	槐里侯			建安初	《三國志》卷36〈蜀書·馬超傳〉	
■■			銅鞮侯〔註9〕	時 爵		建安中	《三國志》卷5〈魏書·文德郭皇后傳〉	
徐祚		吳郡富春	廣德侯	襲兄矯爵		建安中	《三國志》卷50〈吳書·權徐夫人傳〉	
曹叡	元仲	沛國譙縣	武德侯			延康元年	《三國志》卷3〈魏書·明帝紀〉	
曹仁	子孝	沛國譙縣	陳 侯	文帝即王位	3500戶	延康元年	《三國志》卷9〈魏書·曹仁傳〉	
劉若			清苑侯〔註10〕	時 爵		延康元年	《三國志》卷2〈魏書·文帝紀〉	
徐晃	公明	河東楊縣	楊 侯	文帝踐阼		黃初元年	《三國志》卷17〈魏書·徐晃傳〉	
張遼	文遠	雁門馬邑	晉陽侯	文帝踐阼	2600戶	黃初元年	《三國志》卷17〈魏書·張遼傳〉	黃初六年，文帝分遼百戶賜一子爵關內侯

〔註9〕按《三國志·文德郭皇后傳》云郭氏曾「沒在銅鞮侯家」，此處可看作上黨郡銅鞮縣侯姓之家，或是銅鞮侯爵之家，而中華書局點校版《三國志》以「銅鞮侯」為一私名號，即以此為爵名，今參用之。

〔註10〕疑此處之清苑侯即《三國志·武帝紀》之清苑亭侯劉若，而《隸釋》則作清苑鄉侯若，未知孰是。參（宋）洪邁，《隸釋》（北京：中華書局，1986），卷19，〈魏公卿上尊號奏〉，頁186。

朱靈	文博	清河	鄃 侯	文帝即位	增其戶邑	黃初元年	《三國志》卷17〈魏書‧徐晃附朱靈傳〉	
朱靈	文博	清河	高唐侯	更 封		黃初元年	《三國志》卷17〈魏書‧徐晃附朱靈傳〉裴注引《魏書》	
曹洪	子廉	沛國譙縣	野王侯	文帝即位	2100戶	黃初元年	《三國志》卷9〈魏書‧曹洪傳〉	
公孫恭		遼東襄平	平郭侯	文帝踐阼		黃初元年	《三國志》卷8〈魏書‧公孫度傳〉	
閻柔		燕國廣陽	縣 侯	文帝踐阼進封		黃初元年	《三國志》卷8〈魏書‧公孫瓚傳〉	
鮮于輔		漁陽	縣 侯	文帝踐阼進封		黃初元年	《三國志》卷8〈魏書‧公孫瓚傳〉	
臧霸	宣高	泰山華縣	開陽侯	文帝踐阼進封		黃初元年	《三國志》卷18〈魏書‧臧霸傳〉	
張郃	俊乂	河間鄚縣	鄚 侯	文帝踐阼進封		黃初元年	《三國志》卷17〈魏書‧張郃傳〉	
邢貞			高平侯	時 爵		黃初二年	《三國志》卷47〈吳書‧吳主傳〉	疑黃初元年所封
曹範		沛國譙縣	鄳 侯	襲曹整爵		黃初二年	《三國志》卷20〈魏書‧鄳戴公子整傳〉	
曹壹		沛國譙縣	濟陽侯	改 封		黃初二年	《三國志》卷20〈魏書‧濟陽懷王玹傳〉	
黃權	公衡	巴西閬中	育陽侯	降 魏		黃初三年	《三國志》卷43〈蜀書‧黃權傳〉、同書卷2〈魏書‧文帝紀〉	
曹範		沛國譙縣	平氏侯	徙 封		黃初三年	《三國志》卷20〈魏書‧鄳戴公子整傳〉	
張虎		雁門馬邑	晉陽侯	襲父遼爵		黃初四年	《三國志》卷17〈魏書‧張遼傳〉	
曹泰		沛國譙縣	陳 侯	襲父仁爵		黃初四年	《三國志》卷9〈魏書‧曹仁傳〉	
曹範		沛國譙縣	成武侯	徙 封		黃初四年	《三國志》卷20〈魏書‧鄳戴公子整傳〉	
文聘	仲業	南陽宛縣	新野侯	禦賊有功進封	1400戶	黃初四年	《三國志》卷18〈魏書‧文聘傳〉	
卞秉		琅邪開陽	開陽侯	進 封	1200戶	黃初七年	《三國志》卷5〈魏書‧武宣卞皇后傳〉	

徐晃	公明	河東楊縣	陽平侯	以晃鎮陽平徙封	2900戶〔註11〕	黃初中	《三國志》卷17〈魏書‧徐晃傳〉	後明帝分晃戶封晃子孫二人列侯
楊秋			臨涇侯			黃初中	《三國志》卷1〈魏書‧武帝紀〉裴注引《魏略》	
曹洪	子廉	沛國譙縣	都陽侯	徙封		黃初中	《三國志》卷9〈魏書‧曹洪傳〉	後因舍客犯法,免官削爵土
臧霸	宣高	泰山華縣	良成侯	徙封	3000戶	黃初中	《三國志》卷18〈魏書‧臧霸傳〉	
曹洪	子廉	沛國譙縣	樂城侯	明帝即位復爵	1000戶	太和元年	《三國志》卷9〈魏書‧曹洪傳〉	
徐蓋		河東楊縣	陽平侯	襲父晃爵		太和元年	《三國志》卷17〈魏書‧徐晃傳〉	
滿寵	伯寧	山陽昌邑	昌邑侯	明帝即位進封		太和元年	《三國志》卷26〈魏書‧滿寵傳〉	後食邑共9600戶,封子孫二人亭侯
曹休	文烈	沛國譙縣	長平侯	進封		太和元年	《三國志》卷9〈魏書‧曹休傳〉	
曹眞	子丹	沛國譙縣	邵陵侯	明帝即位進封	大將軍	太和元年	《三國志》卷9〈魏書‧曹眞傳〉	
司馬懿	仲達	河內溫縣	舞陽侯〔註12〕	明帝即位進封		太和元年	《晉書》卷1〈宣帝紀〉	
韓綜		遼西令支	廣陽侯	降魏		太和元年	《三國志》卷55〈吳書‧韓當傳〉	
董昭	公仁	濟陰定陶	樂平侯	明帝踐阼進封	1000戶	太和元年	《三國志》卷14〈魏書‧董昭傳〉	分邑百戶賜一子爵關內侯
王朗	景興	東海	蘭陵侯	明帝即位進封	1200戶	太和元年	《三國志》卷13〈魏書‧王朗傳〉	
華歆	子魚	平原高唐	博平侯	明帝即位進封	1300戶	太和元年	《三國志》卷13〈魏書‧華歆傳〉	
甄蒙		中山無極	上蔡侯	襲祖逸爵		太和元年	《太平御覽》卷198〈封建部一〉	
鍾繇	元常	潁川長社	定陵侯	明帝即位進封	1800戶	太和元年	《三國志》卷13〈魏書‧鍾繇傳〉	

〔註11〕太和元年,以拒諸葛謹於襄陽功,增邑200戶。

〔註12〕《太平御覽‧封建部三》引王隱《晉書》曰:「封宣帝爲武平侯。公孫淵平,又增封舞陽、昆陽二縣。」未知司馬懿初封爲舞陽侯或武平侯。

陳群	長文	潁川許昌	潁陰侯	明帝即位進封	1300戶	太和元年	《三國志》卷22〈魏書・陳群傳〉	
王肅	子雍	東海	蘭陵侯	襲父朗爵		太和二年	《三國志》卷13〈魏書・王朗傳〉	
曹肇	長思	沛國譙縣	長平侯	襲父休爵		太和二年	《三國志》卷9〈魏書・曹休附肇傳〉	
鍾毓	稚叔	潁川長社	定陵侯〔註13〕	襲父繇爵		太和四年	《三國志》卷13〈魏書・鍾繇傳〉	
曹爽	昭伯	沛國譙縣	邵陵侯	襲父眞爵		太和五年	《三國志》卷9〈魏書・曹眞附爽傳〉	
華表	偉容	平原高唐	博平侯	襲父歆爵		太和五年	《三國志》卷13〈魏書・華歆傳〉	
張雄		河間鄚縣	鄚侯	襲父郃爵		太和五年	《三國志》卷17〈魏書・張郃傳〉	
曹馥		沛國譙縣	樂城侯	襲父洪爵		太和六年	《三國志》卷9〈魏書・曹洪傳〉	
甄德	彦孫	中山無極	平原侯	襲平原懿公主爵		太和六年	《三國志》卷5〈魏書・文昭甄皇后傳〉	
毛嘉		河內	安國侯	追封〔註14〕	1000戶	青龍三年	《三國志》卷5〈魏書・明悼毛皇后傳〉	
甄暢		中山無極	魏昌縣侯	襲父像爵		青龍三年	《三國志》卷5〈魏書・文昭甄皇后傳〉	嘉平中封暢子二人爲列侯
郭表		安平廣宗	觀津侯	進爵	1000戶	青龍三年	《三國志》卷5〈魏書・文德郭皇后傳〉	
陳泰	玄伯	潁川許昌	潁陰侯	襲父群爵		青龍四年	《三國志》卷22〈魏書・陳群附泰傳〉	明帝分群戶邑封一子列侯，又以前後功賜子弟一人亭侯、二人關內侯
劉放	子棄	涿郡方城	方城侯	以參謀平遼東之功進爵封本縣	800戶	景初二年	《三國志》卷14〈魏書・劉放傳〉	後封愛子一人亭侯，又復封子一人亭侯

〔註13〕《三國志・齊王紀》有定陵侯繁，錢大昕以爲即鍾毓，參錢大昕，《廿二史考異》，頁282。。

〔註14〕按既追封毛嘉爲安國侯，應有襲爵主祭者，疑由毛嘉子毛曾襲爵。

孫資	彥龍	太原中都	中都侯	以參謀平遼東之功進爵封本縣	700戶	景初二年	《三國志》卷14〈魏書·劉放附孫資傳〉	正始七年復封子一人亭侯
毌丘儉	仲恭	河東聞喜	安邑侯	隨討公孫淵進封	3900戶	景初二年	《三國志》卷28〈魏書·毌丘儉傳〉	
曹爽	昭伯	沛國譙縣	武安侯	改封	12000戶	正始元年	《三國志》卷9〈魏書·曹真附爽傳〉	
黃邕		巴西閬中	育陽侯	襲父權爵		正始元年	《三國志》卷43〈蜀書·黃權傳〉	無子國絕
郭建	叔始	西平	西都侯	父立，襲伯父滿爵		正始元年	《三國志》卷5〈魏書·明元郭皇后傳〉	
滿偉	公衡	山陽昌邑	昌邑侯	襲父寵爵		正始三年	《三國志》卷26〈魏書·滿寵傳〉	
曹興		沛國譙縣	長平侯	襲父肇爵		正始中	《三國志》卷9〈魏書·曹休附肇傳〉	
衛臻	公振	陳留襄邑	長垣侯	進爵	1000戶	正始中	《三國志》卷22〈魏書·衛臻傳〉	封一子列侯
司馬孚	叔達	河內溫縣	長社縣侯	討曹爽有功		嘉平元年	《晉書》卷37〈安平獻王孚傳〉	
郭淮	伯濟	太原陽曲	陽曲侯		2780戶	嘉平二年	《三國志》卷26〈魏書·郭淮傳〉	分三百戶封一子亭侯
劉正		涿郡方城	方城侯	襲父放爵		嘉平二年	《三國志》卷14〈魏書·劉放傳〉	
孫宏		太原中都	中都侯	襲父資爵		嘉平三年	《三國志》卷14〈魏書·劉放附孫資傳〉	
王昶	文舒	太原晉陽	京陵侯	討吳有功		嘉平三年	《三國志》卷27〈魏書·王昶傳〉、〈王浚妻華芳墓誌銘〉〔註15〕	正元二年以引兵拒文欽毌丘儉有功，封二子亭侯、關內侯
甄紹			魏昌縣侯	襲父暢爵		嘉平三年	《三國志》卷5〈魏書·文昭甄皇后傳〉	
■建			臨晉侯	時爵		嘉平六年	《三國志》卷4〈魏書·齊王芳紀〉	
■初			睢陽侯	時爵		嘉平六年	《三國志》卷4〈魏書·齊王芳紀〉	

〔註15〕關於〈晉王浚妻華芳墓誌銘〉的討論，可參北京市文物工作隊，〈北京西郊西晉王浚妻華芳墓清理簡報〉，載《文物》，12（北京，1965），頁21-24。川合安，〈西晉王浚妻華芳墓誌について〉，載《唐代史研究》，4（東京，2001），頁4-17。

司馬師	子元	河內溫縣	武陽侯〔註16〕	進　封		嘉平中	《晉書》卷2〈景帝紀〉	
司馬昭	子上	河內溫縣	高都侯	高貴鄉公立進封	加2000戶	正元元年	《晉書》卷2〈文帝紀〉	
高柔	文惠	陳留圉縣	安國侯	高貴鄉公即位進爵		正元元年	《三國志》卷24〈魏書‧高柔傳〉	前後封二子亭侯
郭正		太原陽曲	陽曲侯	襲父淮爵		正元二年	《三國志》卷26〈魏書‧郭淮傳〉	
司馬攸	大猷	河內溫縣	武陽侯			正元二年	《晉書》卷38〈齊王攸傳〉	
諸葛誕	公休	琅邪陽都	高邑侯	隨討毌丘儉有功進封	3500戶	正元二年	《三國志》卷28〈魏書‧諸葛誕傳〉	
盧毓	子家	涿郡涿縣	容城侯	進　爵	2300戶	正元三年	《三國志》卷22〈魏書‧盧毓傳〉	
王惲		東海	蘭陵侯	襲父肅爵		甘露元年	《三國志》卷13〈魏書‧王朗傳〉	
鄧艾	士載	義陽棘陽	鄧　侯	破姜維功進封		甘露元年	《三國志》卷28〈魏書‧鄧艾傳〉	
孫壹		吳郡富春	吳　侯	降　魏		甘露二年	《三國志》卷4〈魏書‧高貴鄉公紀〉	甘露四年卒
盧藩		涿郡涿縣	容城侯	襲祖毓爵		甘露二年	《三國志》卷22〈魏書‧盧毓傳〉	
全懌		吳郡錢唐	臨湘侯	降　魏		甘露二年	《三國志》卷60〈吳書‧全琮傳〉	
王基	伯輿	東萊曲城	東武侯	淮南初定進爵〔註17〕	增邑五千戶	甘露三年	《三國志》卷27〈魏書‧王基傳〉、〈曹魏東武侯王基碑〉〔註18〕	前後封子二人亭侯關內侯
陳騫	休淵	臨淮東陽	廣陵侯	平諸葛誕功進封		甘露三年	《晉書》卷35〈陳騫傳〉	
鍾會	士秀	潁川長社	陳　侯	討諸葛誕功進封		甘露三年	《三國志》卷28〈魏書‧鍾會傳〉	
石苞	仲容	渤海南皮	東光侯	破吳軍功封		甘露三年	《晉書》卷33〈石苞傳〉	
王渾	玄沖	太原晉陽	京陵侯	襲父昶爵		甘露四年	《三國志》卷27〈魏書‧王昶傳〉	

〔註16〕疑司馬師襲其父懿爵舞陽侯，非武陽侯。

〔註17〕王基上疏固讓，歸功參佐，由是長史司馬等七人皆侯。

〔註18〕關於〈曹魏東武侯王基碑〉的討論，可參黃明蘭，〈曹魏東武侯王基墓碑考釋〉，原載《中原文物》，特刊（鄭州，1981）；後收入洛陽市文物局、洛陽白馬寺漢魏故城文物保管所編，《漢魏洛陽故城研究》（北京：科學出版社，2000），頁758-761。

王沈	處道	太原晉陽	安平侯	高貴鄉公事	2000戶	甘露五年	《晉書》卷39〈王沈傳〉	
裴秀	季彥	河東聞喜	縣侯	常道鄉公立進封	加700戶	景元元年	《晉書》卷35〈裴秀傳〉	
鄭沖	文和	榮陽開封	壽光侯	常道鄉公即位進封		景元元年	《晉書》卷33〈鄭沖傳〉	
陳恂		穎川許昌	穎陰侯	襲父泰爵		景元元年	《三國志》卷22〈魏書・陳群附泰傳〉	
王徽		東萊曲城	東武侯	襲父基爵		景元二年	《三國志》卷27〈魏書・王基傳〉	以東武餘邑賜一子爵關內侯
高渾		陳留圉縣	安國侯	襲祖柔爵		景元四年	《三國志》卷24〈魏書・高柔傳〉	
王恂	良大	東海	蘭陵侯	紹父肅爵		景元四年	《三國志》卷13〈魏書・王朗傳〉	
鍾駿		穎川長社	定陵侯	襲父毓爵		景元四年	《三國志》卷13〈魏書・鍾繇傳〉	
鍾會	士秀	穎川長社	縣侯	平蜀封	加10000戶	景元四年	《三國志》卷28〈魏書・鍾會傳〉	封子二人亭侯,邑各千戶
司馬望	子初	河內溫縣	順陽侯	護關中有功		景元四年	《晉書》卷37〈安平獻王孚傳〉	
陳溫		穎川許昌	穎陰侯	襲兄恂爵		景元中	《三國志》卷22〈魏書・陳群附泰傳〉	
曹泰		沛國譙縣	甯陵侯	轉封		曹魏	《三國志》卷9〈魏書・曹仁傳〉	
曹初			甯陵侯	襲父泰爵		曹魏	《三國志》卷9〈魏書・曹仁傳〉	
曹■		沛國譙縣	海陽侯			曹魏	《三國志》卷9〈魏書・夏侯淵傳〉	兄操
胡遵		安定臨涇	陰密侯			曹魏	《晉書》卷57〈胡奮傳〉	
公孫淵		遼東襄平	平樂侯〔註19〕			曹魏	《三國志》卷47〈吳書・吳主權傳〉裴注引《江表傳》	
徐霸		河東楊縣	陽平侯	襲父蓋爵		曹魏	《三國志》卷17〈魏書・徐晃傳〉	
張統		雁門馬邑	晉陽侯	襲父虎爵		曹魏	《三國志》卷17〈魏書・張遼傳〉	
臧艾			良成侯	襲父霸爵		曹魏	《三國志》卷18〈魏書・臧霸傳〉	

〔註19〕疑為襲公孫恭所封平郭侯。

臧權			良成侯	襲父艾爵		曹　魏	《三國志》卷 18〈魏書・臧霸傳〉	
司馬馗		河內溫縣	東武城侯			曹　魏	《晉書》卷 37〈彭城穆王權傳〉	
司馬權	子輿	河內溫縣	東武城侯	襲父馗爵		曹　魏	《晉書》卷 37〈彭城穆王權傳〉	
司馬駿	子臧	河內溫縣	平壽侯			曹　魏	《晉書》卷 38〈扶風王駿傳〉	
衛烈		陳留襄邑	長垣侯	襲父臻爵		曹　魏	《三國志》卷 22〈魏書・衛臻傳〉	
董冑			樂平侯	襲父昭爵		曹　魏	《三國志》卷 14〈魏書・董昭傳〉	
文休		南陽宛縣	新野侯	襲養父聘爵		曹　魏	《三國志》卷 18〈魏書・文聘傳〉	
文武		南陽宛縣	新野侯	襲父休爵		曹　魏	《三國志》卷 18〈魏書・文聘傳〉	
卞蘭		琅邪開陽	開陽侯	襲父秉爵		曹　魏	《三國志》卷 5〈魏書・武宣卞皇后傳〉	
卞暉		琅邪開陽	開陽侯	襲父蘭爵		曹　魏	《三國志》卷 5〈魏書・武宣卞皇后傳〉	
朱術		清河	高唐侯	襲父靈爵		曹　魏	《三國志》卷 17〈魏書・徐晃附朱靈傳〉	
郭詳		安平廣宗	觀津侯	襲父表爵		曹　魏	《三國志》卷 5〈魏書・文德郭皇后傳〉	
郭釗		安平廣宗	觀津侯	襲父詳爵		曹　魏	《三國志》卷 5〈魏書・文德郭皇后傳〉	
張富		沛國豐縣	閬中侯	襲父魯爵		曹　魏	《三國志》卷 8〈張魯傳〉	
文欽	仲若	譙郡	山桑侯			曹　魏	《三國志》卷 28〈魏書・毋丘儉傳〉	
韋冑		京兆杜陵	安城侯			曹　魏	《新唐書》卷 74 上〈宰相世系表四上〉〔註 20〕	未知是否為縣侯
武周		沛國竹邑	南昌侯			曹　魏	《新唐書》卷 74 上〈宰相世系表四上〉	未知是否為縣侯
呂興			定安縣侯〔註 21〕	權時之宜	咸熙元年		《三國志》卷 4〈魏書・陳留王紀〉	

〔註 20〕錢大昕認為《新唐書・宰相世系表》在追溯其先祖時有許多錯誤之處，而此處仍列出其所載魏晉之爵，並試加考證，以供參考。參（清）錢大昕著，陳文和、孫顯軍校點，《十駕齋養新錄》（南京：江蘇古籍出版社，2000），卷 12，「家譜不可信」條，頁 245。

〔註 21〕未知為五等侯或三品縣侯。

二、鄉　侯

人名	字	本籍	爵　位	得爵原因	食邑	得爵年	出　　處	備　註
袁紹	本初	汝南汝陽	邟鄉侯	董卓封		永漢元年	《三國志》卷 6〈魏書·袁紹傳〉、《後漢書》卷 74 上〈袁紹傳〉	
段煨		武威	闅鄉侯	討李傕功封		建安三年	《後漢書》卷 72〈董卓傳〉	
劉勳	子臺	琅邪	華鄉侯	率眾降		建安四年	《三國志》卷 1〈魏書·武帝紀〉、同書同卷裴注引《魏書》	
公孫度	升濟	遼東襄平	永寧鄉侯	曹操表封		建安九年	《三國志》卷 8〈魏書·公孫度傳〉	
公孫恭		遼東襄平	永寧鄉侯	襲父度爵		建安九年	《三國志》卷 8〈魏書·公孫度傳〉	
嚴幹	公仲	馮翊東縣	武鄉侯	追錄前討郭援功		建安十一年	《三國志》卷 23〈魏書·裴潛傳〉裴注引《魏略》	
曹玹		沛國譙縣	西鄉侯			建安十六年	《三國志》卷 20〈魏書·濟陽懷王玹傳〉	
曹宇	彭祖	沛國譙縣	都鄉侯			建安十六年	《三國志》卷 20〈魏書·燕王宇傳〉	
劉展〔註22〕			樂鄉侯	時　爵		建安十八年	《三國志》卷 1〈魏書·武帝紀〉	
曹贊		沛國譙縣	西鄉侯	父沛王林，襲玹爵邑		建安二十年	《三國志》卷 20〈魏書·濟陽懷王玹傳〉	
閻圃		巴西安漢	平樂鄉侯〔註23〕	勸張魯降魏		建安二十年	《晉書》卷 48〈閻纘傳〉	
曹袞		沛國譙縣	平鄉侯			建安二十一年	《三國志》卷 20〈魏書·中山恭王袞傳〉	
曹袞		沛國譙縣	東鄉侯	徙　封		建安二十二年	《三國志》卷 20〈魏書·中山恭王袞傳〉	
夏侯惇	元讓	沛國譙縣	高安鄉侯		700 戶	建安初	《三國志》卷 9〈魏書·夏侯惇傳〉	
申耽	義舉		員鄉侯〔註24〕			建安中	《三國志》卷 40〈蜀書·劉封傳〉、《華陽國志》卷 4〈漢中志〉	
曹壹		沛國譙縣	西鄉侯	襲兄贊爵		建安末	《三國志》卷 20〈魏書·濟陽懷王玹傳〉	

〔註22〕 《三國志集解》記爲鄧展，轉引自矢野主稅，《門閥社會成立史》，頁 477。
〔註23〕 《隸釋》作平樂亭侯，參洪邁，《隸釋》，卷 19，〈魏公卿上尊號奏〉，頁 186。
〔註24〕 《華陽國志·漢中志》作郎鄉侯。

呂■		博望	西鄂都鄉侯	守襄樊功		建安末	《隸釋》卷 19〈魏橫海將軍呂君碑〉	
張遼	文遠	雁門馬邑	都鄉侯	文帝即王位進封	1600戶	延康元年	《三國志》卷 17〈魏書・張遼傳〉	分封兄汎及一子列侯
徐晃	公明	河東楊縣	逯鄉侯〔註25〕	文帝即王位進封		延康元年	《三國志》卷 17〈魏書・徐晃傳〉	
曹眞	子丹	沛國譙縣	東鄉侯	錄前後功進封		延康元年	《三國志》卷 9〈魏書・曹眞傳〉	
曹休	文烈	沛國譙縣	安陽鄉侯	時 爵		延康元年	《隸釋》卷 19〈魏公卿上尊號奏〉	
臧霸	宣高	泰山華縣	武安鄉侯	文帝即王位進封		延康元年	《三國志》卷 18〈魏書・臧霸傳〉	
夏侯充		沛國譙縣	高安鄉侯	襲父惇爵		延康元年	《三國志》卷 9〈魏書・夏侯惇傳〉	分惇邑千戶賜惇七子二孫爵皆關內侯
張既	德容	馮翊高陵	都鄉侯	軍功進封	200戶	延康元年	《三國志》卷 15〈魏書・張既傳〉	
華歆	子魚	平原高唐	安樂鄉侯	文帝即王位	800戶	延康元年	《三國志》卷 13〈魏書・華歆傳〉	
張郃	俊乂	河間鄭縣	都鄉侯〔註26〕	文帝即王位進封		延康元年	《三國志》卷 17〈魏書・張郃傳〉	
劉康		南陽蔡陽	桂氏鄉侯			黃初元年	《三國志》卷 3〈魏書・明帝紀〉裴注引《獻帝傳》	
司馬懿	仲達	河內溫縣	安國鄉侯	魏受漢禪進封		黃初元年	《晉書》卷 1〈宣帝紀〉	
董昭	公仁	濟陰定陶	右鄉侯	文帝踐阼		黃初元年	《三國志》卷 14〈魏書・董昭傳〉	
程昱	仲德	東郡東阿	安鄉侯	文帝踐阼進爵	800戶	黃初元年	《三國志》卷 14〈魏書・程昱傳〉	
王朗	景興	東海	樂平鄉侯	文帝踐阼進封	700戶	黃初元年	《三國志》卷 13〈魏書・王朗傳〉	
文聘	仲業	南陽宛縣	長安鄉侯	文帝踐阼進封		黃初元年	《三國志》卷 18〈魏書・文聘傳〉	
賈詡	文和	武威姑臧	魏壽鄉侯	文帝即位進封	800戶	黃初元年	《三國志》卷 10〈魏書・賈詡傳〉	

〔註25〕 《隸釋》作建鄉侯，參洪邁，《隸釋》，卷 19，〈魏公卿上尊號奏〉，頁 186。
〔註26〕 《隸釋》作中鄉侯，參洪邁，《隸釋》，卷 19，〈魏公卿上尊號奏〉，頁 186。

夏侯尚	伯仁	沛國譙縣	平陵鄉侯	文帝踐阼進封		黃初元年	《三國志》卷 9〈魏書·夏侯尚傳〉	
鍾繇	元常	潁川長社	崇高鄉侯	文帝踐阼進封		黃初元年	《三國志》卷 13〈魏書·鍾繇傳〉	
陳群	長文	潁川許昌	潁鄉侯	文帝踐阼進封	800 戶	黃初元年	《三國志》卷 22〈魏書·陳群傳〉	
申儀			員鄉侯〔註27〕	降魏		黃初二年	《三國志》卷 40〈蜀書·劉封傳〉、《華陽國志》卷 4〈漢中志〉	
張既	德容	馮翊高陵	西鄉侯	軍功徙封	400 戶	黃初二年	《三國志》卷 15〈魏書·張既傳〉	
張緝	敬仲	馮翊高陵	西鄉侯	襲父既爵		黃初四年	《三國志》卷 15〈魏書·張既傳〉	
滿寵	伯寧	山陽昌邑	南鄉侯	軍功進封		黃初四年	《三國志》卷 26〈魏書·滿寵傳〉	
賈穆		武威姑臧	魏壽鄉侯	襲父詡爵		黃初四年	《三國志》卷 10〈魏書·賈詡傳〉	
董昭	公仁	濟陰定陶	成都鄉侯	徙封		黃初五年	《三國志》卷 14〈魏書·董昭傳〉	
司馬懿	仲達	河內溫縣	向鄉侯〔註28〕	改封		黃初五年	《晉書》卷 1〈宣帝紀〉	
夏侯尚	伯仁	沛國譙縣	昌陵鄉侯	徙封		黃初五年	《三國志》卷 9〈魏書·夏侯尚傳〉	
夏侯玄	太初	沛國譙縣	昌陵鄉侯	襲父尚爵		黃初六年	《三國志》卷 9〈魏書·夏侯尚傳〉	
毋丘興		河東聞喜	高陽鄉侯	討賊張進及討叛胡有功		黃初中	《三國志》卷 28〈魏書·毋丘儉傳〉	
毋丘儉	仲恭	河東聞喜	高陽鄉侯	襲父興爵		黃初中	《三國志》卷 28〈魏書·毋丘儉傳〉	
桓階	伯緒	長沙臨湘	安樂鄉侯	進封	600 戶	黃初中	《三國志》卷 22〈魏書·桓階傳〉	賜階三子關內侯
桓嘉		長沙臨湘	安樂鄉侯	襲父階爵		黃初中	《三國志》卷 22〈魏書·桓階傳〉	
鍾繇	元常	潁川長社	平陽鄉侯	轉封	1300 戶	黃初中	《三國志》卷 13〈魏書·鍾繇傳〉	
衛臻	公振	陳留襄邑	康鄉侯	明帝即位進爵		太和元年	《三國志》卷 22〈魏書·衛臻傳〉	
毛嘉		河內	博平鄉侯	以后父封	500 戶	太和元年	《三國志》卷 1〈魏書·明帝紀〉、同書卷 5〈魏書·明悼毛皇后傳〉	

〔註27〕《華陽國志·漢中志》作郟鄉侯。
〔註28〕《三國志·文帝紀》裴注引《魏略》作西鄉侯。

常林	伯槐	河內溫縣	高陽鄉侯	明帝即位進封		太和元年	《三國志》卷 23〈魏書・常林傳〉
衛覬	伯儒	河東安邑	閿鄉侯	明帝即位	300 戶	太和元年	《三國志》卷 21〈魏書・衛覬傳〉
劉放	子棄	涿郡方城	西鄉侯	明帝即位進爵		太和元年	《三國志》卷 14〈魏書・劉放傳〉
陳矯	季弼	廣陵東陽	東鄉侯	明帝即位進爵	600 戶	太和元年	《三國志》卷 22〈魏書・陳矯傳〉
和洽	陽士	汝南西平	西陵鄉侯	明帝即位進封	200 戶	太和元年	《三國志》卷 23〈魏書・和洽傳〉
許褚	仲康	譙國譙縣	牟鄉侯	明帝即位進封	700 戶	太和元年	《三國志》卷 18〈魏書・許褚傳〉	賜子爵一人關內侯
杜襲	子緒	潁川定陵	平陽鄉侯	明帝即位進封	250 戶	太和元年	《三國志》卷 23〈魏書・杜襲傳〉
趙儼	伯然	潁川陽翟	都鄉侯	明帝即位進封	600 戶	太和元年	《三國志》卷 23〈魏書・趙儼傳〉
辛毗	佐治	潁川陽翟	潁鄉侯	明帝即位進封	300 戶	太和元年	《三國志》卷 25〈魏書・辛毗傳〉
甄像		中山無極	安城鄉侯	襲祖逸爵	1000 戶	太和元年	《三國志》卷 5〈魏書・文昭甄皇后傳〉	青龍中封像弟三人爲列侯
郭表		安平廣宗	安陽鄉侯	進 爵	500 戶	太和四年	《三國志》卷 5〈魏書・文德郭皇后傳〉
杜會		潁川定陵	平陽鄉侯	襲父襲爵		太和五年	《三國志》卷 23〈魏書・杜襲傳〉
孫資	彥龍	太原中都	左鄉侯	進 爵		太和六年	《三國志》卷 14〈魏書・劉放附孫資傳〉
許儀		譙國譙縣	牟鄉侯	襲父褚爵		太和中	《三國志》卷 18〈魏書・許褚傳〉	太和中，復賜褚子孫二人爵關內侯
辛敞	泰雍	潁川陽翟	潁鄉侯	襲父毗爵		青龍中	《三國志》卷 25〈魏書・辛毗傳〉
陳本		廣陵東陽	東鄉侯	襲父矯爵		景初元年	《三國志》卷 22〈魏書・陳矯傳〉
曹琮		沛國譙縣	都鄉侯	貶 爵		景初元年	《三國志》卷 20〈魏書・鄧哀王沖傳〉
司馬昭	子上	河內溫縣	新城鄉侯			景初三年	《晉書》卷 2〈文帝紀〉
崔林	德儒	清河東武城	安陽鄉侯	進 封		正始元年	《三國志》卷 24〈魏書・崔林傳〉
王淩	彥雲	太原祁縣	南鄉侯	軍 功	350 戶	正始二年	《三國志》卷 28〈魏書・王淩傳〉

崔述		清河東武城	安陽鄉侯	襲父林爵		正始五年	《三國志》卷24〈魏書·崔林傳〉	
趙亭		潁川陽翟	都鄉侯	襲父儼爵		正始六年	《三國志》卷23〈魏書·趙儼傳〉	
郭淮	伯濟	太原陽曲	都鄉侯	進爵		正始九年	《三國志》卷26〈魏書·郭淮傳〉	
高柔	文惠	陳留圉縣	萬歲鄉侯〔註29〕	曹爽誅進爵		嘉平元年	《三國志》卷24〈魏書·高柔傳〉	
司馬師	子元	河內溫縣	長平鄉侯	以高平陵事封	1000戶	嘉平元年	《晉書》卷2〈景帝紀〉	
蔣濟	子通	楚國平阿	都鄉侯	隨司馬懿誅曹爽等進封	700戶	嘉平元年	《三國志》卷14〈魏書·蔣濟傳〉	
蔣秀		楚國平阿	都鄉侯	襲父濟爵		嘉平元年	《三國志》卷14〈魏書·蔣濟傳〉	
楊弘			鄉侯	告王淩謀叛功		嘉平三年	《三國志》卷28〈魏書·王淩附令狐愚傳〉	
黃華		酒泉	鄉侯	告王淩謀叛功		嘉平三年	《三國志》卷28〈魏書·王淩傳〉、同書卷2〈文帝紀〉	
桓翊		長沙臨湘	安樂鄉侯	襲父嘉爵		嘉平四年	《三國志》卷22〈魏書·桓階傳〉	
郭■		西平	長樂鄉侯	襲父脩追封爵	1000戶	嘉平五年	《三國志》卷4〈魏書·齊王紀〉	
■溫			安陽鄉侯	時爵		嘉平六年	《三國志》卷4〈魏書·齊王芳紀〉	
■亮			長合鄉侯	時爵		嘉平六年	《三國志》卷4〈魏書·齊王芳紀〉	
王夔			廣明鄉侯	以后父封		嘉平六年	《三國志》卷4〈魏書·齊王芳紀〉	
劉熙		沛國相縣	建成鄉侯	襲父靖追封之爵		嘉平六年	《三國志》卷15〈魏書·劉馥傳〉	
盧毓	子家	涿郡涿縣	大梁鄉侯	高貴鄉公即位進爵		正元元年	《三國志》卷22〈魏書·盧毓傳〉	封一子高亭侯
王基	伯輿	東萊曲城	安樂鄉侯	助討文欽毌丘儉功進爵		正元二年	《三國志》卷27〈魏書·王基傳〉	
鄧艾	士載	義陽棘陽	方城鄉侯	破文欽等功進封		正元二年	《三國志》卷28〈魏書·鄧艾傳〉	
傅嘏	蘭石	北地泥陽	陽鄉侯〔註30〕	以功進封	1200戶	正元二年	《三國志》卷21〈魏書·傅嘏傳〉	

〔註29〕《三國志·高貴鄉公紀》裴注引《魏書》作萬歲亭侯。
〔註30〕《新唐書·宰相世系表》作陽都侯。

傅祗	子莊	北地泥陽	陽鄉侯〔註31〕	襲父嘏爵		正元二年	《三國志》卷 21〈魏書・傅嘏傳〉	
曹演		沛國譙縣	平樂鄉侯	進 封		正元中	《三國志》卷 9〈魏書・曹仁附純傳〉	
何曾	穎考	陳國陽夏	穎昌鄉侯〔註32〕			正元中	《晉書》卷 33〈何曾傳〉	
龐會		南安狟道	臨渭鄉侯	軍功進封		甘露二年	《三國志》卷 4〈魏書・高貴鄉公紀〉	
賈充	公閭	河東襄陵〔註33〕	宣陽鄉侯	統後事進封	加1000戶	甘露三年	《晉書》卷 40〈賈充傳〉	
裴秀	季彥	河東聞喜	魯陽鄉侯	平諸葛誕進封	加1000戶	甘露三年	《晉書》卷 35〈裴秀傳〉	
司馬炎	安世	河內溫縣	新昌鄉侯	迎常道鄉公於東武陽		甘露五年	《晉書》卷 3〈武帝紀〉	
司馬望	子初	河內溫縣	安樂鄉侯			高貴鄉公時	《晉書》卷 37〈安平獻王孚傳〉	
賈充	公閭	河東襄陵	安陽鄉侯	徙 封	加1200戶	景元元年	《晉書》卷 40〈賈充傳〉	
鄭袤	林叔	滎陽開封	安成鄉侯	常道鄉公立，與議定策進封		景元元年	《晉書》卷 44〈鄭袤傳〉	
王觀	偉臺	東郡廩丘	陽鄉侯	常道鄉公即位進封	2500戶	景元元年	《三國志》卷 24〈魏書・王觀傳〉	
魯芝	世英	扶風郿縣	氂城鄉侯	常道鄉公即位進爵	加800戶	景元元年	《晉書》卷 90〈魯芝傳〉	
司馬遂	子伯	河內溫縣	武城鄉侯			景元二年	《晉書》卷 37〈濟南惠王遂傳〉	
王悝		東郡廩丘	陽鄉侯	襲父觀爵		景元中	《三國志》卷 24〈魏書・王觀傳〉	
衛覬	伯儒	河東安邑	開陽鄉侯〔註34〕			曹 魏	《漢魏南北朝墓誌彙編》	
衛瓘	伯玉	河東安邑	閺鄉侯	襲父覬爵		曹 魏	《晉書》卷 36〈衛瓘傳〉	
曹休	文烈	沛國譙縣	安陽鄉侯	進 封		曹 魏	《三國志》卷 9〈魏書・曹休傳〉	
常蟻		河內溫縣	高陽鄉侯	襲父林爵		曹 魏	《三國志》卷 23〈魏書・常林傳〉	

〔註31〕《新唐書・宰相世系表》作陽都侯。

〔註32〕《三國志・何夔傳》裴注引《魏書》作穎昌侯。

〔註33〕《晉書》作平陽襄陵人，此乃曹魏時期分河東爲平陽郡，因而所屬郡雖不同，本籍則同。

〔註34〕衛覬可能是封閺鄉侯後，又改封聞陽鄉侯。

常靜		河內溫縣	高陽鄉侯	紹兄蟻爵		曹魏	《三國志》卷23〈魏書・常林傳〉
曹亮		沛國譙縣	平樂鄉侯	襲父演爵		曹魏	《三國志》卷9〈魏書・曹仁附純傳〉
司馬瑰	子泉	河內溫縣	貴壽鄉侯			曹魏	《晉書》卷37〈安平獻王孚傳〉
司馬珪	子璋	河內溫縣	高陽鄉侯			曹魏	《晉書》卷37〈安平獻王孚傳〉
司馬衡	子平	河內溫縣	德陽鄉侯			曹魏	《晉書》卷37〈安平獻王孚傳〉
司馬翰	子良	河內溫縣	平陽鄉侯			曹魏	《晉書》卷38〈平原王翰傳〉
司馬由	子將	河內溫縣	東武鄉侯			曹魏	《晉書》卷38〈琅邪王由傳〉
司馬駿	子臧	河內溫縣	平陽鄉侯			曹魏	《晉書》卷38〈扶風王駿傳〉
司馬亮	子翼	河內溫縣	廣陽鄉侯			曹魏	《晉書》卷59〈汝南王亮傳〉
程武		東郡東阿	安鄉侯	襲父昱爵		曹魏	《三國志》卷14〈魏書・程昱傳〉
程克		東郡東阿	安鄉侯	襲父武爵		曹魏	《三國志》卷14〈魏書・程昱傳〉
程良		東郡東阿	安鄉侯	襲父克爵		曹魏	《三國志》卷14〈魏書・程昱傳〉
陳粲		廣陵東陽	東鄉侯	襲父本爵		曹魏	《三國志》卷22〈魏書・陳矯傳〉
卞秉		琅邪開陽	都鄉侯	以功封		曹魏	《三國志》卷5〈魏書・武宣卞皇后傳〉
卞隆		琅邪開陽	睢陽鄉侯	以后父封		曹魏	《三國志》卷5〈魏書・武宣卞皇后傳〉
諸葛■	長茂	琅邪陽都	平陽鄉侯	死 後		曹魏	《漢魏南北朝墓誌彙編》
閻璞		巴西安漢	平樂鄉侯	襲父圉爵		曹魏	《晉書》卷48〈閻纘傳〉
蔣凱		楚國平阿	都鄉侯	襲父秀爵		曹魏	《三國志》卷14〈魏書・蔣濟傳〉
賈模		武威姑臧	魏壽鄉侯	襲父穆爵		曹魏	《三國志》卷10〈魏書・賈詡傳〉
胡威	伯武	淮南壽春	南鄉侯			曹魏	《晉書》卷90〈胡威傳〉
夏侯異		沛國譙縣	高安鄉侯	襲父充爵		曹魏	《三國志》卷9〈魏書・夏侯惇傳〉
夏侯劭		沛國譙縣	高安鄉侯	襲父異爵		曹魏	《三國志》卷9〈魏書・夏侯惇傳〉

荀虓		潁川潁陰	廣陽鄉侯	進 爵		曹 魏	《三國志》卷 10〈魏書・荀彧傳〉	
荀頵	溫伯	潁川潁陰	廣陽鄉侯〔註35〕	襲父虓爵		曹 魏	《三國志》卷 10〈魏書・荀彧傳〉	
和禽		汝南西平	西陵鄉侯	襲父洽爵		曹 魏	《三國志》卷 23〈魏書・和洽傳〉	
朱撫			鄉 侯	軍功進爵		咸熙元年	《三國志》卷 4〈魏書・陳留王紀〉	
劉永	公壽	涿郡涿縣	鄉 侯	東遷洛陽		咸熙元年	《三國志》卷 34〈蜀書・劉永傳〉	
劉輯		涿郡涿縣	鄉 侯	東遷洛陽		咸熙元年	《三國志》卷 34〈蜀書・劉理傳〉	
夏侯和	義權	沛國譙縣	鄉 侯	軍功進爵		咸熙元年	《三國志》卷 4〈魏書・陳留王紀〉	
荀顗	景倩	潁川潁陰	鄉 侯	進 封		咸熙元年	《晉書》卷 39〈荀顗傳〉	
諸葛緒		琅邪陽都	樂安亭侯	時 爵		泰始元年	〈西晉辟雍碑〉〔註36〕	
夏侯佐		沛國譙縣	高安鄉侯			泰始二年	《三國志》卷 9〈魏書・夏侯惇傳〉	
步璿		臨淮淮陰	都鄉侯	降 晉		泰始八年	《三國志》卷 52〈吳書・步騭傳〉、《晉書》卷 3〈武帝紀〉	
許綜		譙國譙縣	牟鄉侯	襲父儀爵		泰始初	《三國志》卷 18〈魏書・許褚傳〉	
荀崧	景猷	潁川潁陰	安陵鄉侯	代兄襲父顗爵		泰始中	《晉書》卷 75〈荀崧傳〉	
石崇	季倫	渤海南皮	安陽鄉侯	伐吳有功		太康元年	《晉書》卷 33〈石苞傳〉	
劉淵	元海	新興匈奴	漢光鄉侯	楊駿輔政		永熙元年	《晉書》卷 101〈劉元海載記〉、《魏書》卷 95〈匈奴劉聰附淵傳〉	
賈模	思範	河東襄陵	平陽鄉侯	豫誅楊駿	1000戶	元康元年	《晉書》卷 40〈賈充傳〉	

〔註35〕《晉書》，卷 75，〈荀崧傳〉作安陵鄉侯。

〔註36〕關於〈西晉辟雍碑〉的研究與討論，可參見余嘉錫，〈晉辟雍碑考證〉，原載《輔仁學志》，3：1（北京，1932）；後收入洛陽市文物局、洛陽白馬寺漢魏故城文物保管所編，《漢魏洛陽故城研究》，頁 736-757。顧廷龍，〈大晉龍興皇帝三臨辟雍皇太子又再蒞之盛德隆熙之頌跋〉，原載《燕京學報》，1（北京，1931）；後收入洛陽市文物局、洛陽白馬寺漢魏故城文物保管所編，《漢魏洛陽故城研究》，頁 725-735。

何逢		蜀郡郫縣	平鄉侯	以兄攀功封		元康元年	《晉書》卷45〈何攀傳〉
華嶠	叔駿	平原高唐	樂鄉侯	誅楊駿進封		元康元年	《晉書》卷44〈華表傳〉
華頤		平原高唐	樂鄉侯	襲父嶠爵		元康三年	《晉書》卷44〈華表傳〉
閻纘	續伯	巴西安漢	平樂鄉侯	有 功		元康中	《晉書》卷48〈閻纘傳〉
李特	玄休	略陽臨渭	長樂鄉侯	討趙廞功封		永寧元年	《晉書》卷120〈李特載記〉
嵇蕃		譙郡	武昌鄉侯			永寧元年	《晉書》卷89〈嵇紹附含傳〉
陶侃	士行	廬江尋陽	東鄉侯	以軍功封	1000戶	太安二年	《晉書》卷66〈陶侃傳〉
張軌	士彥	安定烏氏	安樂鄉侯	破鮮卑若羅拔能功封	1000戶	永興二年	《晉書》卷86〈張軌傳〉
王澄	平子	琅邪臨沂	南鄉侯〔註37〕	迎大駕勳		光熙元年	《晉書》卷43〈王戎附澄傳〉
賈遊	彥將	河東襄陵	平陽鄉侯	襲父模爵		惠帝時	《晉書》卷40〈賈充傳〉
虞潭	思奧	會稽餘姚	東鄉侯	平陳恢功封		永嘉元年	《晉書》卷76〈虞潭傳〉
石恭		樂陵厭次	城陽鄉侯	襲父麗爵		永嘉元年	《漢魏南北朝墓誌彙編》
顧眾	長始	吳郡吳縣	東鄉侯	討華軼功封		永嘉五年	《晉書》卷76〈顧眾傳〉
紀瞻	思遠	丹楊秣陵	都鄉侯	討周馥華軼功封		永嘉五年	《晉書》卷68〈紀瞻傳〉
庾冰	季堅	潁川鄢陵	西陽縣都鄉侯	預討華軼功		永嘉五年	《晉書》卷73〈庾亮附冰傳〉、《文館詞林》卷457「江州都督庾冰碑銘」
甘卓	季思	丹楊	南鄉侯	以前後功進爵		建興三年	《晉書》卷70〈甘卓傳〉
衛宣	叔始	河東安邑	聞陽鄉侯〔註38〕			西 晉	《漢魏南北朝墓誌彙編》
石麗	處約	樂陵厭次	城陽鄉侯	計勳酬功進爵		西 晉	《漢魏南北朝墓誌彙編》

〔註37〕按《晉書・地理志》，荊州南鄉郡有南鄉縣，故王澄可能爲二品縣侯，暫仍列於鄉侯。

〔註38〕按衛宣父覬曾爲開陽鄉侯，疑此爲開陽鄉侯。

嵇含	君道	譙郡	武昌鄉侯	襲父蕃爵		西晉	《晉書》卷 89〈嵇紹附含傳〉	
索聿		安樂亭侯	安昌鄉侯			西晉末	《晉書》卷 60〈索靖傳〉	
薛兼	令長	丹楊	安陽鄉侯	進爵		西晉末	《晉書》卷 68〈薛兼傳〉	

三、亭 侯

人名	字	本籍	爵 位	得爵原因	食邑	得爵年	出 處	備 註
旻思			樂鄉亭侯	時 爵			《蔡中郎集》卷 3	
閔貢			都亭侯	奉迎天子還宮		永漢元年	《後漢書》卷 69〈何進傳〉	
呂布	奉先	五原九原	都亭侯			初平元年	《三國志》卷 7〈魏書·呂布傳〉	
趙溫	子柔	蜀郡成都	江南亭侯	奉大駕西幸		初平元年	《後漢書》卷 27〈趙典傳〉、《華陽國志》卷 10 上〈蜀郡士女〉	
王斌		趙國	都亭侯		500 戶	興平元年	《後漢書》卷 9〈獻帝紀〉	
徐晃	公明	河東楊縣	都亭侯	從天子渡河至安邑		興平二年	《三國志》卷 23〈魏書·裴潛傳〉裴注引《魏略》	建安五年復以軍功封都亭侯
王邑	文都	北地涇陽	安陽亭侯	奉獻綿帛		興平二年	《後漢書》卷 72〈董卓傳〉、《三國志》卷 13〈魏書·鍾繇傳〉裴注引《魏略》、同書卷 1〈武帝紀〉裴注引《魏書》	
士孫萌	文始	扶風	澹津亭侯〔註 39〕	以父瑞功封		建安元年	《三國志》卷 6〈魏書·董卓傳〉裴注引《獻帝紀》	
王黑		太原祁縣	安樂亭侯	因祖允功受封	300 戶	建安元年	《後漢書》卷 66〈王允傳〉	
曹操	孟德	沛國譙縣	費亭侯	襲父嵩爵		建安元年	《三國志》卷 14〈魏書·董昭傳〉	
劉備	玄德	涿郡涿縣	宜城亭侯	拒袁術		建安元年	《三國志》卷 32〈蜀書·先主傳〉	
樂進	文謙	陽平衛國	廣昌亭侯	軍 功		建安二年	《三國志》卷 17〈魏書·樂進傳〉	

〔註 39〕《後漢書·董卓傳》引《三輔決錄》作津亭侯。

裴茂		河東聞喜	亭侯〔註40〕	奉使率導關中諸將討李傕有功		建安三年	《三國志》卷23〈魏書‧裴潛傳〉裴注引《魏略》	
于禁	文則	泰山鉅平	益壽亭侯	錄前後功	1000戶	建安三年	《三國志》卷17〈魏書‧于禁傳〉	
薛洪			都亭侯	率眾降		建安四年	《三國志》卷1〈魏書‧武帝紀〉	
賈詡	文和	武威姑臧	都亭侯〔註41〕	勸張繡降		建安四年	《三國志》卷10〈魏書‧賈詡傳〉	
任峻	伯達	河南中牟	都亭侯	使軍國富饒	300戶	建安五年	《三國志》卷16〈魏書‧任峻傳〉	
關羽	雲長	河東解縣	漢壽亭侯	破顏良功封		建安五年	《三國志》卷36〈蜀書‧關羽傳〉、《華陽國志》卷7〈劉先主志〉	
鮮于輔		漁陽	昌鄉亭侯〔註42〕	身詣曹操		建安五年	《三國志》卷8〈魏書‧公孫瓚傳〉、同書卷1〈武帝紀〉、《後漢書》卷73〈公孫瓚傳〉	
張郃	俊乂	河間鄚縣	都亭侯	降曹操		建安五年	《三國志》卷17〈魏書‧張郃傳〉	
荀彧	文若	潁川潁陰	萬歲亭侯	預退袁紹功封	1000戶	建安五年	《三國志》卷10〈魏書‧荀彧傳〉、《後漢書》卷70〈荀彧傳〉	
李通	文達	江夏平春	都亭侯	軍功改封		建安五年	《三國志》卷18〈魏書‧李通傳〉	
吳奮		吳郡	新亭侯			建安八年	《三國志》卷50〈吳書‧孫破虜吳夫人附景傳〉	
程昱	仲德	東郡東阿	安國亭侯	破袁譚袁尚功		建安八年	《三國志》卷14〈魏書‧程昱傳〉	
任先		河南中牟	都亭侯	襲父峻爵		建安九年	《三國志》卷16〈魏書‧任峻傳〉	無子國除
張遼	文遠	雁門馬邑	都亭侯	定江夏諸縣		建安十年	《三國志》卷17〈魏書‧張遼傳〉	

〔註40〕按《三國志‧裴潛傳》僅云封列侯，而據《三國志‧武帝紀》裴注引《獻帝起居注》，建安十九年，漢獻帝「使左中郎將楊宣、亭侯裴茂持節、印綬之（曹操）」，知裴茂所封者爲亭侯。又《新唐書‧宰相世系表》作陽吉侯。

〔註41〕《三國志‧武帝紀》建安十八年裴注引《魏書》作都鄉侯，而《隸釋》，卷19〈魏公卿上尊號奏〉賈詡在延康元年仍爲都亭侯，未詳其情形。

〔註42〕《隸釋》作南昌亭侯，參洪邁，《隸釋》，卷19，〈魏公卿上尊號奏〉，頁186。

臧霸	宣高	泰山華縣	都亭侯	軍功		建安十年	《三國志》卷18〈魏書‧臧霸傳〉	
孫觀	仲臺	泰山	呂都亭侯	軍功		建安十年	《三國志》卷18〈魏書‧臧霸附孫觀傳〉	
荀攸	公達	潁川潁陰	陵樹亭侯	錄前後功	300戶	建安十年	《三國志》卷10〈魏書‧荀攸傳〉	
郭嘉	奉孝	潁川陽翟	洧陽亭侯	從攻袁譚於南皮	200戶	建安十年	《三國志》卷14〈魏書‧郭嘉傳〉	
張燕		常山眞定	安國亭侯	率眾詣鄴	500戶	建安十年	《三國志》卷8〈魏書‧張燕傳〉、同書卷1〈武帝紀〉	
李典	曼成	山陽鉅野	都亭侯	軍功	200戶	建安十一年	《三國志》卷18〈魏書‧李典傳〉	文帝賜典一子關內侯邑百戶
曹仁	子孝	沛國譙縣	都亭侯	錄前後功		建安十一年	《三國志》卷9〈魏書‧曹仁傳〉	
張既	德容	馮翊高陵	武始亭侯	西徵諸將討高幹		建安十一年	《三國志》卷15〈魏書‧張既傳〉	
曹純	子和	沛國譙縣	高陵亭侯	錄前後功封	300戶	建安十二年	《三國志》卷9〈魏書‧曹仁附純傳〉	
董昭 〔註43〕	公仁	濟陰定陶	千秋亭侯			建安十二年	《三國志》卷14〈魏書‧董昭傳〉	
田疇	子泰	右北平無終	亭侯	論功行封	500戶	建安十二年	《三國志》卷11〈魏書‧田疇傳〉	固讓不受
郭弈	伯益	潁川陽翟	洧陽亭侯	襲父嘉爵	1000戶	建安十二年	《三國志》卷14〈魏書‧郭嘉傳〉	
曹仁	子孝	沛國譙縣	安平亭侯	轉封		建安十三年	《三國志》卷9〈魏書‧曹仁傳〉	
曹洪	子廉	沛國譙縣	國明亭侯	征劉表別將有功		建安十三年	《三國志》卷9〈魏書‧曹洪傳〉	
李基		江夏平春	都亭侯	襲父通爵	400戶	建安十四年	《三國志》卷18〈魏書‧李通傳〉	
文聘	仲業	南陽宛縣	延壽亭侯	討關羽於尋口有功進封		建安十四年	《三國志》卷18〈魏書‧文聘傳〉	
曹演		沛國譙縣	高陵亭侯	襲父純爵		建安十五年	《三國志》卷9〈魏書‧曹仁附純傳〉	
馬超	孟起	扶風茂陵	都亭侯			建安十五年	《三國志》卷36〈蜀書‧馬超傳〉	
鮑邵		泰山平陽	新都亭侯	追錄父信功封		建安十七年	《三國志》卷12〈魏書‧鮑勛傳〉	

〔註43〕　《隸釋》作董照，參洪邁，《隸釋》，卷19，〈魏公卿上尊號奏〉，頁186。

荀惲	長倩	穎川穎陰	萬歲亭侯	襲父彧爵		建安十七年	《三國志》卷 10〈魏書・荀彧傳〉	
夏侯淵	妙才	沛國譙縣	博昌亭侯	斬梁興		建安十七年	《三國志》卷 9〈魏書・夏侯淵傳〉	
王忠			都亭侯	時　爵		建安十八年	《三國志》卷 1〈魏書・武帝紀〉	
董蒙			南鄉亭侯	時　爵		建安十八年	《三國志》卷 1〈魏書・武帝紀〉	
荀適		穎川穎陰	陵樹亭侯	襲父攸爵		建安十九年	《三國志》卷 10〈魏書・荀攸傳〉	無子國絕
谷利			都亭侯	救孫權之功〔註 44〕		建安十九年	《三國志》卷 47〈吳書・吳主傳〉	
曹幹		沛國譙縣	高平亭侯			建安二十年	《三國志》卷 20〈魏書・趙王幹傳〉	
馬超	孟起	扶風茂陵	前都亭侯	劉備封之		建安二十年	《三國志》卷 36〈蜀書・馬超傳〉	蜀爵
龐德	令明	南安狟道	關門亭侯	隨張魯眾降	300 戶	建安二十年	《三國志》卷 18〈魏書・龐德傳〉	後封其二子為列侯
曹幹		沛國譙縣	賴亭侯	徙　封		建安二十二年	《三國志》卷 20〈魏書・趙王幹傳〉	
曹茂		沛國譙縣	萬歲亭侯			建安二十二年	《三國志》卷 20〈魏書・樂陵王茂傳〉	
樂綝		陽平衛國	廣昌亭侯	襲父進爵		建安二十三年	《三國志》卷 17〈魏書・樂進傳〉	
滿寵	伯寧	山陽昌邑	安昌亭侯	守樊城有功		建安二十四年	《三國志》卷 26〈魏書・滿寵傳〉	
夏侯衡		沛國譙縣	安寧亭侯	襲父淵爵轉封		建安二十四年	《三國志》卷 9〈魏書・夏侯淵傳〉	
劉豹			陽泉亭侯〔註 45〕	時　爵		建安二十五年	《三國志》卷 32〈蜀書・先主傳〉、《華陽國志》卷 7〈劉先主志〉	
夏侯尚	伯仁	沛國譙縣	平陵亭侯	奉曹操梓宮還鄴并錄前功		建安二十五年	《三國志》卷 9〈魏書・夏侯尚傳〉	
蒯越	異度	襄陽中盧〔註46〕	樊亭侯	佐劉表平定境內		獻帝初	《三國志》卷 6〈魏書・劉表傳〉	
孫賁	伯陽	吳國富陽	都亭侯			建安初	《三國志》卷 51〈吳書・孫賁傳〉	

〔註44〕谷利之爵疑為孫權表上漢獻帝求封，未必得到東漢政府承認。
〔註45〕《三國志・先主傳》作陽泉侯。
〔註46〕《後漢書・劉表傳》云南郡人。

鍾繇	元常	潁川長社	東武亭侯	助天子出長安		建安初	《三國志》卷 13〈魏書‧鍾繇傳〉	
孫鄰	公達	吳國富陽	都亭侯	襲父賁爵		建安中	《三國志》卷 51〈吳書‧孫賁附鄰傳〉	
李禎		山陽鉅野	都亭侯	襲父典爵		建安中	《三國志》卷 18〈魏書‧李典傳〉	
韓浩	元嗣	河內	萬歲亭侯	時 爵		建安中	《三國志》卷 1〈魏書‧武帝紀〉裴注引《魏書》、同書卷 9〈魏書‧夏侯惇附韓浩傳〉	
曹眞	子丹	沛國譙縣	靈壽亭侯	討靈丘賊		建安中	《三國志》卷 9〈魏書‧曹眞傳〉	本姓秦，養曹氏
司馬晃	子明	河內溫縣	始亭侯	魏武封		建安中	《晉書》卷 37〈安平獻王孚傳〉	
張飛	翼德	涿郡	新亭侯			建安中	《三國志》卷 32〈蜀書‧先主傳〉	
吳安		吳郡	新亭侯	襲父奮爵		建安中	《三國志》卷 50〈吳書‧孫破虜吳夫人附景傳〉	
士燮	威彥	蒼梧廣信	龍度亭侯	不廢貢職		建安中	《三國志》卷 49〈吳書‧士燮傳〉	
王端		趙國	都亭侯	襲父斌爵		建安中	《後漢書》卷 9〈獻帝紀〉	
呂■		博望	陰德亭侯	軍功進封		建安中	《隸釋》卷 19〈魏橫海將軍呂君碑〉	
呂■		博望	盧亭侯	改 封		建安中	《隸釋》卷 19〈魏橫海將軍呂君碑〉	
韓榮		河內	萬歲亭侯	襲養父浩爵		建安末	《三國志》卷 17〈魏書‧夏侯惇附韓浩傳〉引《魏書》	
曹休	文烈	沛國譙縣	東陽亭侯	錄前後功		延康元年	《三國志》卷 9〈魏書‧曹休傳〉	操族子
呂虔	子恪	任城	益壽亭侯	文帝即王位	400 戶	延康元年	《三國志》卷 18〈魏書‧呂虔傳〉	
王朗	景興	東海	安陵亭侯	文帝即王位		延康元年	《三國志》卷 13〈魏書‧王朗傳〉	
孟達	子敬	扶風	平陽亭侯	降魏封		延康元年	《三國志》卷 40〈蜀書‧劉封傳〉	
陳群	長文	潁川許昌	昌武亭侯	文帝即王位		延康元年	《三國志》卷 22〈魏書‧陳群傳〉	
■愼			成遷亭侯	時 爵		延康元年	《隸釋》卷 19〈魏公卿上尊號奏〉	

■俊〔註47〕			常樂亭侯	時　爵		延康元年	《隸釋》卷 19〈魏公卿上尊號奏〉
■昺			高梁亭侯	時　爵		延康元年	《隸釋》卷 19〈魏公卿上尊號奏〉
■豐			長安亭侯	時　爵		延康元年	《隸釋》卷 19〈魏公卿上尊號奏〉
■衝〔註48〕			都亭侯	時　爵		延康元年	《隸釋》卷 19〈魏公卿上尊號奏〉
■神			元就亭侯	時　爵		延康元年	《隸釋》卷 19〈魏公卿上尊號奏〉
■生			樂鄉亭侯	時　爵		延康元年	《隸釋》卷 19〈魏公卿上尊號奏〉
■當			猛亭侯	時　爵		延康元年	《隸釋》卷 19〈魏公卿上尊號奏〉
■題			涅鄉亭侯	時　爵		延康元年	《隸釋》卷 19〈魏公卿上尊號奏〉
■祖〔註49〕			都亭侯	時　爵		延康元年	《隸釋》卷 19〈魏公卿上尊號奏〉
閻柔			都亭侯〔註 50〕	時　爵		延康元年	《隸釋》卷 19〈魏公卿上尊號奏〉
和洽	陽士	汝南西平	安城亭侯	文帝踐阼		黃初元年	《三國志》卷 23〈魏書・和洽傳〉
許褚	仲康	譙國譙縣	萬歲亭侯〔註 51〕	文帝踐阼進封		黃初元年	《三國志》卷 18〈魏書・許褚傳〉
梁習	子虞	陳郡柘縣	申門亭侯	文帝踐阼	100 戶	黃初元年	《三國志》卷 15〈魏書・梁習傳〉
杜襲	子緒	潁川定陵	武平亭侯	文帝踐阼進封		黃初元年	《三國志》卷 23〈魏書・杜襲傳〉
郭淮	伯濟	太原陽曲	射陽亭侯			黃初元年	《三國志》卷 26〈魏書・郭淮傳〉
衛覬	伯儒〔註52〕	河東安邑	陽吉亭侯	文帝踐阼		黃初元年	《三國志》卷 21〈魏書・衛覬傳〉
常林	伯槐	河內溫縣	樂陽亭侯	文帝踐阼		黃初元年	《三國志》卷 23〈魏書・常林傳〉

〔註47〕《金石萃編》解作李俊，參（清）王述菴，《金石萃編》（臺北：國風出版社，1964）。

〔註48〕《金石萃編》解作趙衝。

〔註49〕《金石萃編》解作郭祖。

〔註50〕《三國志・公孫瓚傳》、《後漢書・烏桓傳》並記閻柔建安年間爲關內侯，或閻柔於延康元年因普遍封爵而進封爲都亭侯。

〔註51〕《隸釋》，卷 19〈魏公卿上尊號奏〉記許褚延康元年爲安昌亭侯。

〔註52〕按《漢魏南北朝墓誌彙編》記衛覬字伯覦。

司馬懿	仲達	河內溫縣	河津亭侯	魏文帝即位		黃初元年	《晉書》卷1〈宣帝紀〉	
衛臻	公振	陳留襄邑	安國亭侯	文帝踐阼進爵	散騎常侍	黃初元年	《三國志》卷22〈魏書·衛臻傳〉	
何夔	叔龍	陳國陽夏	成陽亭侯〔註53〕	文帝踐阼	300戶	黃初元年	《三國志》卷12〈魏書·何夔傳〉	
陳矯	季弼	廣陵東陽	高陵亭侯	文帝踐阼		黃初元年	《三國志》卷22〈魏書·陳矯傳〉	
韓暨	公至	南陽堵陽	宜城亭侯	文帝踐阼		黃初元年	《三國志》卷24〈魏書·韓暨傳〉	
桓階	伯緒	長沙臨湘	高鄉亭侯	文帝踐阼		黃初元年	《三國志》卷22〈魏書·桓階傳〉	
杜畿	伯侯	京兆杜陵	豐樂亭侯	文帝踐阼進封	100戶	黃初元年	《三國志》卷16〈魏書·杜畿傳〉	
蘇則	文師	扶風武功	都亭侯	討黃華等功進封	300戶	黃初元年	《三國志》卷16〈魏書·蘇則傳〉	
徐詳	子明	吳郡烏程	亭侯	魏拜		黃初二年	《三國志》卷62〈吳書·胡綜附徐詳傳〉	
劉放	子棄	涿郡方城	魏壽亭侯	進爵		黃初三年	《三國志》卷14〈魏書·劉放傳〉	
王淩	彥雲	太原祁縣	宜成亭侯	軍功		黃初四年	《三國志》卷28〈魏書·王淩傳〉	
賈逵	梁道	河東襄陵	陽里亭侯	破呂範功進爵	200戶	黃初四年	《三國志》卷15〈魏書·賈逵傳〉	
蘇怡		扶風武功	都亭侯	襲父則爵		黃初四年	《三國志》卷16〈魏書·蘇則傳〉	
趙儼	伯然	潁川陽翟	宜土亭侯	進封		黃初四年	《三國志》卷23〈魏書·趙儼傳〉	
辛毗	佐治	潁川陽翟	廣平亭侯	進封		黃初四年	《三國志》卷25〈魏書·辛毗傳〉	
韓暨	公至	南陽堵陽	南鄉亭侯〔註54〕	徙封	200戶	黃初七年	《三國志》卷24〈魏書·韓暨傳〉	
劉曄	子揚	淮南成德	東亭侯	明帝即位進爵	300戶	黃初七年	《三國志》卷14〈魏書·劉曄傳〉	
田豫	國讓	漁陽雍奴	長樂亭侯	討山賊高艾功	200戶	黃初中	《三國志》卷26〈魏書·田豫傳〉	
杜恕	務伯	京兆杜陵	豐樂亭侯	襲父畿爵		黃初中	《三國志》卷16〈魏書·杜畿傳〉	嘉平元年廢為庶人，徙章武郡

〔註53〕《晉書·何曾傳》作陽武亭侯，疑何夔曾歷經改封。
〔註54〕《新唐書·宰相世系表》作甫鄉侯。

荀彪		潁川潁陰	陵樹亭侯	紹祖攸爵	300戶	黃初中	《三國志》卷10〈魏書・荀攸傳〉	
孫資	彥龍	太原中都	樂陽亭侯	明帝即位進爵		太和元年	《三國志》卷14〈魏書・劉放附孫資傳〉	
高柔	文惠	陳留圉縣	延壽亭侯	明帝即位進爵		太和元年	《三國志》卷24〈魏書・高柔傳〉	
司馬遺		河內溫縣	昌武亭侯		100戶	太和元年	《三國志》卷15〈魏書・司馬朗傳〉	
呂虔	子恪	任城	萬年亭侯	徙封	600戶	太和元年	《三國志》卷18〈魏書・呂虔傳〉	
徐宣	寶堅	廣陵海西	津陽亭侯	明帝即位進封	200戶	太和元年	《三國志》卷22〈魏書・徐宣傳〉	
梁施		陳郡柘縣	申門亭侯	襲父習爵		太和四年	《三國志》卷15〈魏書・梁習傳〉	
郭表		安平廣宗	安陽亭侯			太和四年	《三國志》卷5〈魏書・文德郭皇后傳〉	文德郭皇后從兄
賈充	公閭	河東襄陵	陽里亭侯	襲父逵爵		太和中	《晉書》卷40〈賈充傳〉	
徐欽		廣陵海西	津陽亭侯	襲父宣爵		青龍四年	《三國志》卷22〈魏書・徐宣傳〉	
郭浮		安平廣宗	梁里亭侯	追諡		青龍四年	《三國志》卷5〈魏書・文德郭皇后傳〉	應有襲封者
郭都		安平廣宗	武城亭侯	追諡		青龍四年	《三國志》卷5〈魏書・文德郭皇后傳〉	應有襲封者
郭成		安平廣宗	新樂亭侯	追諡		青龍四年	《三國志》卷5〈魏書・文德郭皇后傳〉	應有襲封者
韓肇		南陽堵陽	南鄉亭侯	襲父暨爵		景初二年	《三國志》卷24〈魏書・韓暨傳〉	
蔣濟	子通	楚國平阿	昌陵亭侯	齊王芳即位進封		景初三年	《三國志》卷14〈魏書・蔣濟傳〉	
崔林	德儒	清河東武城	安陽亭侯	進封	600戶	景初三年	《三國志》卷24〈魏書・崔林傳〉	
司馬駿	子臧	河內溫縣	平陽亭侯			景初中	《晉書》卷38〈扶風王駿傳〉	
裴潛	文行	河東聞喜	清陽亭侯	進爵	200戶	明帝時	《三國志》卷23〈魏書・裴潛傳〉	
徐邈	景山	燕國薊縣	都亭侯	討叛羌柯吾有功	300戶	明帝時	《三國志》卷27〈魏書・徐邈傳〉	
司馬孚	叔達	河內溫縣	昌平亭侯			明帝時	《晉書》卷37〈安平獻王孚傳〉	

裴秀	季彥	河東聞喜	清陽亭侯	襲父潛爵		正始五年	《三國志》卷23〈魏書‧裴潛傳〉	
夏侯霸	仲權	沛國譙縣	博昌亭侯	進　封		正始五年	《三國志》卷9〈魏書‧夏侯淵傳〉	
司馬由	子將	河內溫縣	南安亭侯			正始初	《晉書》卷38〈琅邪王由傳〉	
王昶	文舒	太原晉陽	武觀亭侯			正始中	《三國志》卷27〈魏書‧王昶傳〉	
田彭祖		漁陽雍奴	長樂亭侯	襲父豫爵		正始中	《三國志》卷26〈魏書‧田豫傳〉	
徐武		燕國薊縣	都亭侯	襲父邈爵		嘉平元年	《三國志》卷27〈魏書‧徐邈傳〉	
盧毓	子家	涿郡涿縣	高樂亭侯	治曹爽獄進爵		嘉平元年	《三國志》卷22〈魏書‧盧毓傳〉	
孫禮	德達	涿郡容城	大利亭侯		100戶	嘉平元年	《三國志》卷24〈魏書‧孫禮傳〉	
孫元		涿郡容城	大利亭侯	襲祖禮爵		嘉平二年	《三國志》卷24〈魏書‧孫禮傳〉	
司馬肜	子徽	河內溫縣	平樂亭侯	以公子封		嘉平二年	《晉書》卷38〈梁王肜傳〉、同書卷1〈宣帝紀〉	
司馬倫		河內溫縣	安樂亭侯			嘉平二年	《晉書》卷59〈趙王倫傳〉、同書卷1〈宣帝紀〉	
胡質	文德	楚國壽春	陽陵亭侯	追進封	100戶	嘉平二年	《三國志》卷27〈魏書‧胡質傳〉	
胡威	伯虎	楚國壽春	陽陵亭侯	襲父質爵	100戶	嘉平二年	《三國志》卷27〈魏書‧胡質傳〉	
司馬攸	大猷	河內溫縣	長樂亭侯	從征王淩		嘉平三年	《晉書》卷38〈齊王攸傳〉	
司馬望	子初	河內溫縣	永安亭侯	隨懿討王淩		嘉平三年	《晉書》卷37〈安平獻王孚附望傳〉	
諸葛誕	公休	琅邪陽都	山陽亭侯	平王淩功封		嘉平三年	《三國志》卷28〈魏書‧諸葛誕傳〉	
鄧艾	士載	義陽棘陽	方城亭侯	高貴鄉公即尊位		嘉平六年	《三國志》卷28〈魏書‧鄧艾傳〉	
■誕			安陽亭侯	時　爵		嘉平六年	《三國志》卷4〈魏書‧齊王芳紀〉	疑即諸葛誕
■演			安壽亭侯	時　爵		嘉平六年	《三國志》卷4〈魏書‧齊王芳紀〉	
■渺			昌武亭侯	時　爵		嘉平六年	《三國志》卷4〈魏書‧齊王芳紀〉	

鄭沖	文和	滎陽開封	文陽亭侯	時　爵		嘉平六年	《三國志》卷 4〈魏書·齊王芳紀〉	起自寒微
曹熙		沛國譙縣	新昌亭侯	紹功臣世	300戶	嘉平中	《三國志》卷 9〈魏書·曹真附爽傳〉	族祖真
王觀	偉臺	東郡廩丘	中鄉亭侯	高貴鄉公即位進封	1500戶	正元元年	《三國志》卷 24〈魏書·王觀傳〉	
王基	伯輿	東萊曲城	常樂亭侯	高貴鄉公即位進爵		正元元年	《三國志》卷 27〈魏書·王基傳〉	
傅嘏	蘭石	北地泥陽	武鄉亭侯	高貴鄉公即位進封	600戶	正元元年	《三國志》卷 21〈魏書·傅嘏傳〉	
賈充	公閭	河東襄陵	陽里亭侯	留監諸軍事	加350戶	正元二年	《晉書》卷 40〈賈充傳〉	
鍾會	士秀	潁川長社	東武亭侯	進　封	300戶	正元二年	《三國志》卷 28〈魏書·鍾會傳〉	
夏侯本		沛國譙縣	昌陵亭侯	紹功臣世	300戶	正元中	《三國志》卷 9〈魏書·夏侯尚傳〉	
鄧忠		義陽棘陽	惠唐亭侯	分父艾五百戶封	500戶	甘露元年	《三國志》卷 28〈魏書·鄧艾傳〉	
杜預	元凱	京兆杜陵	豐樂亭侯	紹　封	100戶	甘露二年	《三國志》卷 16〈魏書·杜畿傳〉	
龐會		南安狟道	臨渭亭侯	進　封		甘露二年	《三國志》卷 18〈魏書·龐德傳〉、同書卷 4〈魏書·高貴鄉公紀〉	
路蕃			亭　侯	軍　功		甘露二年	《三國志》卷 4〈魏書·高貴鄉公紀〉	
樂肇		陽平衛國	廣昌亭侯	襲父綝爵		甘露二年	《三國志》卷 17〈魏書·樂進傳〉	
魯芝	世英	扶風郿縣	武進亭侯	平諸葛誕功進爵	加900戶	甘露三年	《晉書》卷 90〈魯芝傳〉	
鄭袤	林叔	滎陽開封	廣昌亭侯	奉迎高貴鄉公法駕於元城		甘露五年	《晉書》卷 44〈鄭袤傳〉	
王祥	休徵	琅邪臨沂	萬歲亭侯	進　爵		甘露中	《晉書》卷 33〈王祥傳〉	
荀顗	景倩	潁川潁陰	萬歲亭侯	討毋丘儉有功進封	400戶	景元二年	《晉書》卷 39〈荀顗傳〉	
楊文宗		弘農華陰	蒳亭侯〔註55〕	襲　封		曹　魏	《晉書》卷 93〈楊文宗傳〉	

〔註55〕按《晉書·楊文宗傳》云文宗爲魏通事郎，早卒，疑爲曹魏時爵，則其父已封蒳亭侯矣。

司馬洪	孔業	河內溫縣	昌武亭侯	出繼叔父昌武亭侯遺		曹 魏	《晉書》卷37〈安平獻王孚附洪傳〉	
司馬楙	孔偉	河內溫縣	樂陵亭侯			曹 魏	《晉書》卷37〈安平獻王孚傳〉	
司馬承		河內溫縣	壽安亭侯			曹 魏	《晉書》卷3〈武帝紀〉	
司馬瑰	子泉	河內溫縣	長樂亭侯			曹 魏	《晉書》卷37〈安平獻王孚傳〉	
司馬景	子文	河內溫縣	樂安亭侯			曹 魏	《晉書》卷37〈安平獻王孚傳〉	
司馬泰	子舒	河內溫縣	陽亭侯			曹 魏	《晉書》卷37〈高密文獻王泰傳〉	
司馬遂	子伯	河內溫縣	平昌亭侯			曹 魏	《晉書》卷37〈濟南惠王遂傳〉	
司馬遜	子悌	河內溫縣	城陽亭侯			曹 魏	《晉書》卷37〈譙剛王遜傳〉	
司馬睦	子友	河內溫縣	安平亭侯			曹 魏	《晉書》卷37〈高陽王睦傳〉	
司馬通		河內溫縣	安城亭侯	魏　封		曹 魏	《晉書》卷37〈任城景王陵傳〉	
司馬幹	子良	河內溫縣	安陽亭侯〔註56〕	以公子封		曹 魏	《晉書》卷38〈平原王幹傳〉	
司馬鑒	大明	河內溫縣	臨泗亭侯			曹 魏	《晉書》卷38〈樂安王鑒傳〉	
司馬亮	子翼	河內溫縣	萬歲亭侯			曹 魏	《晉書》卷59〈汝南王亮傳〉	
呂翻		任城	萬年亭侯	襲父虔爵		曹 魏	《三國志》卷18〈魏書·呂虔傳〉	
呂桂		任城	萬年亭侯	襲父翻爵		曹 魏	《三國志》卷18〈魏書·呂虔傳〉	
鮑融		泰山平陽	新都亭侯	襲父邵爵		曹 魏	《三國志》卷12〈魏書·鮑勛傳〉	
于圭		泰山鉅平	益壽亭侯	襲父禁爵		曹 魏	《三國志》卷17〈魏書·于禁傳〉	
張方		常山眞定	安國亭侯	襲父燕爵		曹 魏	《三國志》卷8〈魏書·張燕傳〉	
張融		常山眞定	安國亭侯	襲父方爵		曹 魏	《三國志》卷8〈魏書·張燕傳〉	
孫毓		泰山	呂都亭侯	襲父觀爵		曹 魏	《三國志》卷18〈魏書·臧霸附孫觀傳〉	

〔註56〕《晉書·荀勖傳》作安陽侯。

何曾	穎考	陳國陽夏	陽武亭侯	襲父夒爵			曹魏	《晉書》卷33〈何曾傳〉
盧毓		范陽涿縣	大利亭侯				曹魏	《晉書》卷44〈盧欽傳〉
盧欽	子若	范陽涿縣	大利亭侯	襲父毓爵			曹魏	《晉書》卷44〈盧欽傳〉
王渾		琅邪臨沂	貞陵亭侯				曹魏	《晉書》卷43〈王戎傳〉
陳騫	休淵	臨淮東陽	安國亭侯	爲政稱績			曹魏	《晉書》卷35〈陳騫傳〉
劉靖		沛國相縣	廣陸亭侯		300戶		曹魏	《三國志》卷15〈魏書・劉馥傳〉
武陔	元夏	沛國竹邑	亭侯				曹魏	《晉書》卷45〈武陔傳〉
李景 (註57)		江夏鍾武	都亭侯				曹魏	《晉書》卷46〈李重傳〉
賈敷		武威姑臧	廣川都亭侯				曹魏	《魏書》卷33〈賈彝傳〉
劉禹		淮南成德	東亭侯	襲父曄爵			曹魏	《三國志》卷14〈魏書・劉曄傳〉
蘇愉	休豫	扶風武功	都亭侯	襲兄怡爵			曹魏	《三國志》卷16〈魏書・蘇則傳〉
夏侯績		沛國譙縣	安寧亭侯	襲父衡爵			曹魏	《三國志》卷9〈魏書・夏侯淵傳〉
夏侯褒		沛國譙縣	安寧亭侯	襲父績爵			曹魏	《三國志》卷9〈魏書・夏侯淵傳〉
韓邦	長林	南陽堵陽	南鄉亭侯	襲父肇爵			曹魏	《三國志》卷24〈魏書・韓暨傳〉
郭深		穎川陽翟	洧陽亭侯	襲父弈爵			曹魏	《三國志》卷14〈魏書・郭嘉傳〉
郭獵		穎川陽翟	洧陽亭侯	襲父深爵			曹魏	《三國志》卷14〈魏書・郭嘉傳〉
荀虓		穎川穎陰	萬歲亭侯	襲父惲爵			曹魏	《三國志》卷10〈魏書・荀彧傳〉
荀彪		穎川穎陰	丘陽亭侯	轉封			曹魏	《三國志》卷10〈魏書・荀攸傳〉
司馬京	子佐	河內溫縣	清惠亭侯	以公子賜爵			魏末	《晉書》卷38〈清惠亭侯機傳〉
司馬順	子思	河內溫縣	龍陽亭侯 〔註58〕				魏末	《三國志》卷16〈魏書・杜畿附恕傳〉裴注

〔註57〕疑即李秉，乃避唐諱而改，祖通、父緒。
〔註58〕《晉書・任城景王陵附順傳》作習陽亭侯。

徐紹			都亭侯	軍　功		咸熙元年	《三國志》卷 4 〈魏書・陳留王紀〉	
衛寔	叔始	河東安邑	開陽亭侯	以兄瓘功封		咸熙元年	《晉書》卷 36 〈衛瓘傳〉	
王戎	濬沖	琅邪臨沂	貞陵亭侯	襲父渾爵		咸熙元年	《晉書》卷 43 〈王戎傳〉	
羅憲	令則	襄陽	萬年亭侯	守城功		咸熙元年	《三國志》卷 41 〈蜀書・霍峻傳〉裴注引《漢晉春秋》	
譙周	允南	巴西西充國	陽城亭侯〔註59〕	有全國之功		咸熙元年	《三國志》卷 42 〈蜀書・譙周傳〉	
羊琇	稚舒	泰山南城	甘露亭侯	司馬炎即晉王位		咸熙二年	《晉書》卷 93 〈羊琇傳〉	
孔羨		魯國魯縣	宗聖亭侯〔註60〕	徙　封		泰始三年	《晉書》卷 3 〈武帝紀〉	
衛密		河東安邑	亭侯	以伯父瓘功封		泰始中	《晉書》卷 36 〈衛瓘傳〉	
司馬隆		河內溫縣	平陽亭侯〔註61〕			泰始中	《晉書》卷 37 〈安平獻王子傳〉	
王澄	道深	太原晉陽	亭侯	以父渾功封		太康元年	《晉書》卷 42 〈王渾傳〉	
賈暢		河東襄陵	新城亭侯	以從祖充功封		太康元年	《晉書》卷 40 〈賈充傳〉	
賈蓋		河東襄陵	安陽亭侯	以從祖充功封		太康元年	《晉書》卷 40 〈賈充傳〉	
賈混	宮奇	河東襄陵	陽里亭侯			太康元年	《晉書》卷 40 〈賈充傳〉	從孫封關內侯
王彝		弘農湖縣	楊鄉亭侯	以父濬功封	1500戶	太康元年	《晉書》卷 42 〈王濬傳〉	
張■		范陽方城	亭侯	以父華功封	1500戶	太康元年	《晉書》卷 36 〈張華傳〉	
杜耽		京兆杜陵	亭侯	父預有功		太康元年	《晉書》卷 34 〈杜預傳〉	
荀顯		潁川潁陰	潁陽亭侯	以父勖功封		太康元年	《晉書》卷 39 〈荀勖傳〉	
和郁	仲輿	汝南西平	汝南亭侯	以兄嶠參謀平吳功		太康元年	《晉書》卷 45 〈和嶠傳〉	

〔註59〕《華陽國志・劉後主志》作城陽亭侯。
〔註60〕《後漢書》作奉聖亭侯。
〔註61〕《晉書・武帝紀》作安平亭侯。

司馬奇		河內溫縣	三縱亭侯	有罪貶		太康九年	《晉書》卷37〈安平獻王孚附望傳〉
裴憬		河東聞喜	高陽亭侯	濬庶子，不惠別封		晉武帝時	《晉書》卷35〈裴秀傳〉
傅暢	世道	北地泥陽	武鄉亭侯	以父祗功封	2200戶	元康元年	《晉書》卷47〈傅玄傳〉
傅雋		北地泥陽	東明亭侯	以祗本封賜		元康元年	《晉書》卷47〈傅玄傳〉
李矩	世迴	平陽	東明亭侯	伐氏齊萬年有殊功		元康九年	《晉書》卷63〈李矩傳〉
華嶠	叔駿	平原高唐	宣昌亭侯	進 封		元康初	《晉書》卷44〈華表傳〉
劉肇			楊丘亭侯	時 爵		元康中	《晉書》卷45〈劉毅附敦傳〉
張輔	世偉	南陽西鄂	宜昌亭侯	永興二年被殺		元康中	《晉書》卷60〈張輔傳〉
李庠	玄序	略陽臨渭	陽泉亭侯	討叛羌功封		永康元年	《晉書》卷120〈李流載記〉
李重	茂曾	江夏鍾武	都亭侯			永康初	《晉書》卷46〈李重傳〉
楊超		弘農華陰	蓊亭侯	時 爵		永寧初	《晉書》卷40〈楊駿傳〉
索靖	幼安	敦煌	安樂亭侯	追 封		太安二年	《晉書》卷60〈索靖傳〉
虞潭	思奧	會稽餘姚	都亭侯	以軍功賜爵		太安二年	《晉書》卷76〈虞潭傳〉
華譚	令思	廣陵	都亭侯	討石冰黨有功	1000戶	永興元年	《晉書》卷52〈華譚傳〉
甘卓	季思	丹楊	都亭侯	討石冰功封		永興元年	《晉書》卷70〈甘卓傳〉
衛謨		代郡	義陽亭侯			惠帝時	《魏書》卷23〈衛操傳〉
衛韄		代郡	協義亭侯			惠帝時	《魏書》卷23〈衛操傳〉
衛勤		代郡	安樂亭侯	北魏桓帝表授		惠帝末	《魏書》卷23〈衛操傳〉
衛崇		代郡	都亭侯	北魏桓帝表授		惠帝末	《魏書》卷23〈衛操傳〉
衛清		代郡	都亭侯	北魏桓帝表授		惠帝末	《魏書》卷23〈衛操傳〉
衛泥		代郡	都亭侯	北魏桓帝表授		惠帝末	《魏書》卷23〈衛操傳〉

段繁		代郡	都亭侯	北魏桓帝表授		惠帝末	《魏書》卷 23〈衛操傳〉	
王發		代郡	都亭侯	北魏桓帝表授		惠帝末	《魏書》卷 23〈衛操傳〉	
范班		代郡	廣武亭侯	北魏桓帝表授		惠帝末	《魏書》卷 23〈衛操傳〉	
賈慶		代郡	上洛亭侯	北魏桓帝表授		惠帝末	《魏書》卷 23〈衛操傳〉	
賈循		代郡	都亭侯	北魏桓帝表授		惠帝末	《魏書》卷 23〈衛操傳〉	
朱伺	仲文	江夏安陸	亭侯	平陳敏功封		永嘉元年	《晉書》卷 81〈朱伺傳〉	
張寔	安遜	安定烏氏	建武亭侯	討曹祛功封		永嘉二年	《晉書》卷 86〈張軌傳〉	
周札	宣季	義興陽羨	漳浦亭侯	討錢璯功		永嘉四年	《晉書》卷 58〈周處傳〉	
諸葛恢	道明	琅邪陽都	博陵亭侯	討周馥功封		永嘉五年	《晉書》卷 77〈諸葛恢傳〉	
孔愉	敬康	會稽山陰	餘不亭侯	討華軼功封		永嘉五年	《晉書》卷 78〈孔愉傳〉、《世說新語·方正》注引《孔愉別傳》	
陸曄	士光	吳郡吳縣	平望亭侯	預討華軼功封		永嘉五年	《晉書》卷 77〈陸曄傳〉	
王彬	世儒	琅邪臨沂	都亭侯	豫討華軼功封		永嘉六年	《晉書》卷 76〈王廙附彬傳〉	
劉超	世瑜	琅邪臨沂	原鄉亭侯	左右勤勞	700 戶	建興中	《晉書》卷 70〈劉超傳〉	
司馬渾		河內溫縣	長樂亭侯	父琅邪王覲		西晉	《晉書》卷 38〈琅邪王由傳〉	
薛兼	令長	丹楊	安陽亭侯			西晉	《晉書》卷 68〈薛兼傳〉	
華衍	長胄	平原高唐	安鄉亭侯			西晉	《漢魏南北朝墓誌彙編》	
華鄷	敬始	平原高唐	安鄉亭侯	襲父衍爵		西晉	《漢魏南北朝墓誌彙編》	
司馬機	太玄	河內溫縣	清惠亭侯	父昭，襲京爵		西晉	《晉書》卷 38〈清惠亭侯機傳〉	
司馬寔	景深	河內溫縣	長樂亭侯			西晉	《晉書》卷 38〈齊王攸傳〉	
王虔	恭祖	東海	安壽亭侯			西晉	《晉書》卷 93〈王恂附虔傳〉	

王士文		東海	安壽亭侯	襲父虔爵		西 晉	《晉書》卷93〈王恂附虔傳〉	
夏侯莊	仲容	沛國譙縣	清明亭侯	父威，女元夏侯太妃		西 晉	《晉書》卷31〈元夏侯太妃傳〉	無子國除
李弇		隴西成紀	安世亭侯	仕張軌		西晉末	《晉書》卷87〈涼武昭王李玄盛傳〉	
閻鼎	玉鉉		安成亭侯			西晉末	《新唐書》卷73下〈宰相世系表三下〉	
卞敦		濟陰冤句	安陵亭侯	伐杜弢有功封		西晉末	《晉書》卷70〈卞壼傳〉	

四、列 侯

人名	字	本籍	爵 位	得爵原因	食邑	得爵年	出　　處	備　註
王政			列 侯	殺張純		中平六年	《三國志》卷8〈魏書・公孫瓚傳〉	
董芬		弘農(註62)	列 侯	翼車駕之功		建安元年	《後漢書》卷72〈董卓傳〉引袁宏《後漢紀》	
董承			列 侯	翼車駕之功		建安元年	《後漢書》卷72〈董卓傳〉引袁宏《後漢紀》	
丁沖			列 侯	翼車駕之功		建安元年	《後漢書》卷72〈董卓傳〉引袁宏《後漢紀》	
种輯			列 侯	翼車駕之功		建安元年	《後漢書》卷72〈董卓傳〉引袁宏《後漢紀》	
郭溥			列 侯	翼車駕之功		建安元年	《後漢書》卷72〈董卓傳〉引袁宏《後漢紀》	
劉艾			列 侯	翼車駕之功		建安元年	《後漢書》卷72〈董卓傳〉引袁宏《後漢紀》	
韓斌			列 侯	翼車駕之功		建安元年	《後漢書》卷72〈董卓傳〉引袁宏《後漢紀》	
羅邵			列 侯	翼車駕之功		建安元年	《後漢書》卷72〈董卓傳〉引袁宏《後漢紀》	

〔註62〕 《三國志・華陀傳》引《典論》云董芬爲弘農人。

伏德			列　侯	翼車駕之功		建安元年	《後漢書》卷 72〈董卓傳〉引袁宏《後漢紀》	疑爲琅邪東武人
趙蕤			列　侯	翼車駕之功		建安元年	《後漢書》卷 72〈董卓傳〉引袁宏《後漢紀》	
繆尚			列　侯	率眾降		建安四年	《三國志》卷 1〈魏書・武帝紀〉	
呂曠	東平		列　侯	降曹操		建安九年	《三國志》卷 1〈魏書・武帝紀〉	
呂詳	東平		列　侯	降曹操		建安九年	《三國志》卷 1〈魏書・武帝紀〉	
史靜	沛國		列　侯	襲父渙爵		建安十四年	《三國志》卷 9〈魏書・夏侯惇附史渙傳〉	
焦觸			列侯〔註 63〕	舉縣降		建安十年	《三國志》卷 1〈魏書・武帝紀〉	
張南			列　侯	舉縣降		建安十年	《三國志》卷 1〈魏書・武帝紀〉	
王琰			列　侯	捕高幹功封		建安十一年	《後漢書》卷 74 下〈袁紹附譚傳〉引《典論》、《三國志》卷 6〈魏書・袁紹傳〉引《典略》	
劉琮	山陽高平		列　侯	降曹操		建安十三年	《三國志》卷 6〈魏書・劉表傳〉	
蒯越	異度	襄陽中廬	列　侯	降曹操		建安十三年	《後漢書》卷 74 下〈劉表傳〉	蒯越等侯者十五人
楊秋			列侯〔註 64〕	復其爵位		建安十六年	《三國志》卷 1〈魏書・武帝紀〉	
閻行	彥明	金城	列　侯	降曹操		建安十九年	《三國志》卷 15〈魏書・張既傳〉裴注引《魏略》	
朴胡			列　侯	舉巴夷賨民來附		建安二十年	《三國志》卷 1〈魏書・武帝紀〉	
杜濩			列　侯	舉巴夷賨民來附		建安二十年	《三國志》卷 1〈魏書・武帝紀〉	
成公英		金城	列　侯	降曹操		建安二十年	《三國志》卷 15〈魏書・張既傳〉裴注引《魏略》	

〔註 63〕　《隸釋》卷 19〈魏公卿上尊號奏〉作都亭侯。
〔註 64〕　《隸釋》卷 19〈魏公卿上尊號奏〉作好畤鄉侯。

史渙	公劉	沛國	列　侯			建安初	《三國志》卷 9〈魏書・夏侯惇附史渙傳〉	
棗處中		穎川	列　侯	曹操追錄其父祇功封〔註65〕		建安中	《三國志》卷 16〈魏書・任峻傳〉裴注引《魏武故事》	
朱靈	文博	清河	列　侯〔註66〕	因黃初元年增戶邑		建安中	《三國志》卷 17〈魏書・徐晃附朱靈傳〉	
荀衍	休若	穎川穎陰	列　侯	以功封		建安中	《三國志》卷 10〈魏書・荀彧傳〉	
劉岱	公山	沛國	列　侯	從征伐有功		建安中	《三國志》卷 1〈魏書・武帝紀〉	
張汎		雁門馬邑	列　侯	以弟遼戶分封		延康元年	《三國志》卷 17〈魏書・張遼傳〉	
鄭甘		馮翊	列　侯	率眾降		延康元年	《三國志》卷 2〈魏書・文帝紀〉	
王照		馮翊	列　侯	率眾降		延康元年	《三國志》卷 2〈魏書・文帝紀〉	
賈訪		武威姑臧	列　侯	分父詡邑二百戶封	200 戶	黃初元年	《三國志》卷 10〈魏書・賈詡傳〉	
吳質	季重	濟陰	列　侯	與文帝車駕會洛陽		黃初元年	《三國志》卷 21〈魏書・王粲附吳質傳〉	
史部			列　侯	降　魏		黃初三年	《三國志》卷 1〈魏書・武帝紀〉	
王象	義伯	河內〔註67〕	列　侯			黃初初	《三國志》卷 23〈魏書・楊俊傳〉	
程延		東郡東阿	列　侯	分父昱邑封		黃初初	《三國志》卷 14〈魏書・程昱傳〉	
程曉	季明	東郡東阿	列　侯	分父昱邑封		黃初初	《三國志》卷 14〈魏書・程昱傳〉	
曹纂		沛國譙縣	列　侯	分父休戶三百封	300 戶	黃初中	《三國志》卷 9〈魏書・曹休附肇傳〉	
王詳		東海	列　侯	文帝分叔父朗戶邑封		黃初中	《三國志》卷 13〈魏書・王朗傳〉	

〔註65〕按此處乃曹操下令「（棗）祇子處中，宜加封爵，以嗣祇爲不朽之事」，並未直接明言給予棗處中封爵。不過曹操也給與任峻封爵，而任峻與棗祇皆因屯田而有功，即「軍國之饒，起於棗祇而成於（任）峻」，故在曹操下達此令後，棗處中應已獲得封爵。又曹操令中稱「宜加封爵」，漢代關內侯爲賜，列侯爲封，故知此所指爲列侯；而漢末建安年間曹氏功臣封爵大多爲亭侯（詳論見第二章第一節），且任峻之功與棗祇相若，任峻既封爲亭侯，疑棗處中亦爲亭侯。

〔註66〕《隸釋》卷 19〈魏公卿上尊號奏〉作華鄉侯。

〔註67〕一作穎川人。

華緝		平原高唐	列侯	文帝分兄歆戶邑封		黃初中	《三國志》卷13〈魏書·華歆傳〉	
鍾演		潁川長社	列侯	文帝分毓戶邑封		黃初中	《三國志》卷13〈魏書·鍾繇傳〉	
鍾劭		潁川長社	列侯	文帝分毓戶邑封		黃初中	《三國志》卷13〈魏書·鍾繇傳〉	
鍾豫		潁川長社	列侯	文帝分毓戶邑封		黃初中	《三國志》卷13〈魏書·鍾繇傳〉	
許定		譙國譙縣	列侯	以軍功封		黃初中	《三國志》卷18〈魏書·許褚傳〉	
郝昭	伯道	太原	列侯	善　守		太和二年	《三國志》卷3〈魏書·明帝紀〉裴注引《魏略》	
游楚	仲允	馮翊	列侯	軍　功		太和二年	《三國志》卷15〈魏書·張既傳〉裴注引《魏略》	
甄黃		中山無極	列侯	與平原懿公主曹淑合葬追封		太和六年	《三國志》卷5〈魏書·文昭甄皇后傳〉	應有襲封者
甄溫	仲舒	中山無極	列侯	父　像		青龍三年	《三國志》卷5〈魏書·文昭甄皇后傳〉	
甄韡		中山無極	列侯	父　像		青龍三年	《三國志》卷5〈魏書·文昭甄皇后傳〉	
甄豔		中山無極	列侯	父　像		青龍三年	《三國志》卷5〈魏書·文昭甄皇后傳〉	
甄毅		中山無極	列侯			青龍中	《三國志》卷5〈魏書·文昭甄皇后傳〉	
郭立		西平	列侯			正始元年	《三國志》卷5〈魏書·明元郭皇后傳〉	
張特	子產	涿郡	列侯	守新城功		嘉平五年	《三國志》卷4〈魏書·齊王紀〉	
張屬			列侯	射殺毋丘儉封侯		正元二年	《三國志》卷28〈魏書·毋丘儉傳〉	
全禕		吳郡錢唐	列侯	降　魏		甘露二年	《三國志》卷60〈吳書·全琮傳〉	
全儀		吳郡錢唐	列侯	降　魏		甘露二年	《三國志》卷60〈吳書·全琮傳〉	
全靜		吳郡錢唐	列侯	降　魏		甘露二年	《三國志》卷60〈吳書·全琮傳〉	
孫曼			列侯	降　魏		甘露三年	《晉書》卷2〈文帝紀〉	
孫彌			列侯	降　魏		甘露三年	《晉書》卷2〈文帝紀〉	
徐韶			列侯	降　魏		甘露三年	《晉書》卷2〈文帝紀〉	
唐咨		東海利城	列侯	降　魏		甘露三年	《晉書》卷2〈文帝紀〉	

■■			候			甘露三年	《三國志‧王基傳》	封侯者共七人
何晏	平叔	南陽	列　侯	以尙金鄉公主得賜爵		曹魏	《三國志》卷9〈魏書‧曹眞傳〉裴注引《魏略》	
李韜		馮翊	列　侯			曹魏	《三國志》卷9〈魏書‧夏侯尙附玄傳〉	尙齊長公主
曹楷		沛國譙縣	列　侯	分兄泰爵封		曹魏	《三國志》卷9〈魏書‧曹仁傳〉	
曹範		沛國譙縣	列　侯	分兄泰爵封		曹魏	《三國志》卷9〈魏書‧曹仁傳〉	
曹羲		沛國譙縣	列　侯			曹魏	《三國志》卷9〈魏書‧曹眞附爽傳〉、同書卷29〈杜夔傳〉	
曹訓		沛國譙縣	列　侯			曹魏	《三國志》卷9〈魏書‧曹眞附爽傳〉	
曹則		沛國譙縣	列　侯			曹魏	《三國志》卷9〈魏書‧曹眞附爽傳〉	
曹彥		沛國譙縣	列　侯			曹魏	《三國志》卷9〈魏書‧曹眞附爽傳〉	
曹皚		沛國譙縣	列　侯			曹魏	《三國志》卷9〈魏書‧曹眞附爽傳〉	
曹彬		沛國譙縣	列　侯		200戶	曹魏	《三國志》卷9〈魏書‧曹眞附爽傳〉	分兄眞邑二百戶封
曹震		沛國譙縣	列　侯	曹操分父洪戶封		曹魏	《三國志》卷9〈魏書‧曹洪傳〉	
曹瑜		沛國譙縣	列　侯			曹魏	《三國志》卷9〈魏書‧曹洪傳〉	
孫康		泰山	列　侯	軍　功		曹魏	《三國志》卷18〈魏書‧臧霸附孫觀傳〉	
卞琳		琅邪開陽	列　侯	分秉爵分封		曹魏	《三國志》卷5〈魏書‧武宣卞皇后傳〉	
文岱		南陽宛縣	列侯	分父聘戶邑封		曹魏	《三國志》卷18〈魏書‧文聘傳〉	
州泰		南陽	列　侯〔註68〕			曹魏	《三國志》卷28〈魏書‧鄧艾附州泰傳〉	
王思		濟陰	列　侯	進　封		曹魏	《三國志》卷15〈魏書‧梁習傳〉	
郭芝		西平	列　侯	自以他功封侯		曹魏	《三國志》卷5〈魏書‧明元郭皇后傳〉	

〔註68〕《三國志》未有州泰封爵的紀錄，然從「諡曰壯侯」、「景元二年薨」看來，州泰應有封爵，死後方得諡號，故暫以列侯表示。

姓名	字	籍貫	爵	事由		時間	出處	備註
郭述		安平廣宗	列 侯	分父表爵封		曹 魏	《三國志》卷 5〈魏書・文德郭皇后傳〉	
荀廙		潁川潁陰	列 侯			曹 魏	《三國志》卷 10〈魏書・荀彧傳〉	
荀愷		潁川潁陰	列 侯	襲父廙爵		曹 魏	《三國志》卷 10〈魏書・荀彧傳〉	
夏侯廉		沛國譙縣	列 侯			曹 魏	《三國志》卷 9〈魏書・夏侯惇傳〉	
夏侯楙		沛國譙縣	列 侯			曹 魏	《三國志》卷 9〈魏書・夏侯惇傳〉	
夏侯素		沛國譙縣	列 侯			曹 魏	《三國志》卷 9〈魏書・夏侯惇傳〉	
張紹		涿郡	列 侯	隨劉禪降		咸熙元年	《三國志》卷 36〈蜀書・張飛傳〉	
樊建	長元	義陽	列 侯	隨劉禪降		咸熙元年	《三國志》卷 33〈蜀書・後主傳〉	
霍弋	紹先	南郡枝江	列 侯	遣將兵救援呂興		咸熙元年	《三國志》卷 41〈蜀書・霍峻傳〉裴注引《漢晉春秋》	
張通			列 侯	隨劉禪降		咸熙元年	《華陽國志》卷 7〈劉後主志〉	
毛■		建寧	列 侯	襲父靈爵		泰始七年	《華陽國志》卷 4〈南中志〉	封諸子三人關內侯
李■		建寧	列 侯	襲父松爵		泰始九年	《華陽國志》卷 4〈南中志〉	
爨■		建寧	列 侯	襲父熊爵		泰始九年	《華陽國志》卷 4〈南中志〉	
李松		建寧	列 侯			泰始中	《晉書》卷 57〈陶璜傳〉、《華陽國志》卷 4〈南中志〉	封子為關內侯
董元		建寧	列 侯			泰始中	《華陽國志》卷 4〈南中志〉	
毛炅		建寧	列 侯			泰始中	《華陽國志》卷 4〈南中志〉	
孟幹		建寧	列 侯			泰始中	《華陽國志》卷 4〈南中志〉	
孟通		建寧	列 侯			泰始中	《華陽國志》卷 4〈南中志〉	
爨能〔註69〕		建寧	列 侯			泰始中	《晉書》卷 57〈陶璜傳〉、《華陽國志》卷 4〈南中志〉	封子為關內侯

〔註69〕《華陽國志》作爨熊。

王素		建寧	列　侯			泰始中	《華陽國志》卷4〈南中志〉	
霍原		燕國	列　侯			西　晉	《晉書》卷46〈李重傳〉	
石超		渤海南皮	列　侯	討孫秀		永寧元年	《晉書》卷33〈石苞傳〉	

五、關內侯

人名	字	本籍	爵　位	得爵原因	食邑	得爵年	出　　處	備　註
張遼	文遠	雁門馬邑	關內侯	率眾降曹操		建安三年	《三國志》卷17〈魏書・張遼傳〉	
韓範			關內侯	舉縣降		建安九年	《三國志》卷1〈魏書・武帝紀〉	
梁岐			關內侯	舉縣降		建安九年	《三國志》卷1〈魏書・武帝紀〉	
許褚	仲康	譙國譙縣	關內侯	從圍鄴有功		建安九年	《三國志》卷18〈魏書・許褚傳〉	
閻柔		燕國廣陽	關內侯	從征三郡烏丸		建安十二年	《三國志》卷8〈魏書・公孫瓚傳〉、《後漢書》卷90〈烏桓傳〉	
王粲	仲宣	山陽高平	關內侯	勸劉琮降曹操		建安十三年	《三國志》卷21〈魏書・王粲傳〉	
文聘	仲業	南陽宛縣	關內侯	隨劉琮降曹操		建安十三年	《三國志》卷18〈魏書・文聘傳〉	
傅巽	公悌	北地泥陽	關內侯	說劉琮之功		建安十三年	《三國志》卷6〈魏書・劉表傳〉	
楊阜	義山	天水冀縣	關內侯	討馬超功		建安十九年	《三國志》卷25〈魏書・楊阜傳〉	
龐統	士元	襄陽	關內侯			建安十九年	《三國志》卷37〈蜀書・龐統傳〉	
郭憲	幼簡	西平	關內侯	曹操歎其志義		建安二十年	《三國志》卷11〈魏書・王脩傳〉裴注引魏略	
田樂			關內侯	斬送韓約頭		建安二十年	《三國志》卷11〈魏書・王脩傳〉裴注引《魏略》	
陽逵			關內侯	斬送韓約頭		建安二十年	《三國志》卷11〈魏書・王脩傳〉裴注引《魏略》	
李休	子朗	南陽	關內侯	勸張魯內附		建安二十年	《三國志》卷9〈魏書・曹眞傳〉裴注引《魏略》	

滿寵	伯寧	山陽昌邑	關內侯			建安中	《三國志》卷 26〈魏書·滿寵傳〉
衛臻	公振	陳留襄邑	關內侯	追錄父茲舊勳		建安中	《三國志》卷 22〈魏書·衛臻傳〉
呂■		博望	關內侯			建安中	《隸釋》卷 19〈魏橫海將軍呂君碑〉
郭淮	伯濟	太原陽曲	關內侯	文帝即王位		延康元年	《三國志》卷 26〈魏書·郭淮傳〉
杜襲	子緒	潁川定陵	關內侯	文帝即王位		延康元年	《三國志》卷 23〈魏書·杜襲傳〉
典滿		陳留已吾	關內侯	以父韋功賜爵		延康元年	《三國志》卷 18〈魏書·典韋傳〉
劉廙	恭嗣	南陽安眾	關內侯	文帝即王位		延康元年	《三國志》卷 21〈魏書·劉廙傳〉
龐會		南安狟道	關內侯	以父德勳賜爵	100 戶	延康元年	《三國志》卷 18〈魏書·龐德傳〉	賜會等四人爵關內侯，邑各百戶
杜畿	伯侯	京兆杜陵	關內侯	文帝即王位		延康元年	《三國志》卷 16〈魏書·杜畿傳〉
蘇則	文師	扶風武功	關內侯	討麴演功		延康元年	《三國志》卷 16〈魏書·蘇則傳〉
■福 (註70)			關內侯	時　爵		延康元年	《隸釋》卷 19〈魏公卿上尊號奏〉
■淩 (註71)			關內侯	時　爵		延康元年	《隸釋》卷 19〈魏公卿上尊號奏〉
■質 (註72)			關內侯	時　爵		延康元年	《隸釋》卷 19〈魏公卿上尊號奏〉
夏侯林		沛國譙縣	關內侯	時　爵		延康元年	《隸釋》卷 19〈魏公卿上尊號奏〉
劉曄	子揚	淮南成德	關內侯			黃初元年	《三國志》卷 14〈魏書·劉曄傳〉
邢顒	子昂	河間鄚縣	關內侯	文帝踐阼		黃初元年	《三國志》卷 12〈魏書·邢顒傳〉
高柔	文惠	陳留圉縣	關內侯	文帝踐阼		黃初元年	《三國志》卷 24〈魏書·高柔傳〉
田續		右北平無終	關內侯	奉從祖疇嗣		黃初元年	《三國志》卷 11〈魏書·田疇傳〉
辛毗	佐治	潁川陽翟	關內侯	文帝踐阼		黃初元年	《三國志》卷 25〈魏書·辛毗傳〉

〔註70〕《金石萃編》解作任福。
〔註71〕《金石萃編》解作戴淩。
〔註72〕《金石萃編》解以為非吳質，或為胡質，未詳。

徐宣	寶堅	廣陵海西	關內侯	文帝踐阼		黃初元年	《三國志》卷22〈魏書・徐宣傳〉	
董訪		濟陰定陶	關內侯	文帝分兄昭邑百戶賜爵	100戶	黃初二年	《三國志》卷14〈魏書・董昭傳〉	
劉阜	伯陵	南陽安眾	關內侯	襲伯父廣爵		黃初二年	《三國志》卷21〈魏書・劉廙傳〉	
張恭		敦煌酒泉	關內侯			黃初二年	《三國志》卷18〈魏書・閻溫附張恭傳〉	
孫資	彥龍	太原中都	關內侯	進爵		黃初三年	《三國志》卷14〈魏書・劉放附孫資傳〉	
趙儼	伯然	潁川陽翟	關內侯			黃初三年	《三國志》卷23〈魏書・趙儼傳〉	
邢友		河間鄚縣	關內侯	襲父顒爵		黃初四年	《三國志》卷12〈魏書・邢顒傳〉	
張翁歸		馮翊高陵	關內侯	以父既功賜		黃初四年	《三國志》卷15〈魏書・張既傳〉	
司馬孚	叔達	河內溫縣	關內侯			黃初四年	《晉書》卷37〈安平獻王孚傳〉	
夏侯奉		沛國譙縣	關內侯	分伯父尚戶三百賜爵	300戶	黃初六年	《三國志》卷9〈魏書・夏侯尚傳〉	
蔣濟	子通	楚國平阿	關內侯	明帝即位		黃初七年	《三國志》卷14〈魏書・蔣濟傳〉	
賈逵	梁道	河東襄陵	關內侯	爲豫州刺史有績		黃初初	《三國志》卷15〈魏書・賈逵傳〉	
郚弘			關內侯	奉使稱意		黃初初	《三國志》卷8〈魏書・公孫度附淵傳〉裴注引《魏名臣奏》	
劉放	子棄	涿郡方城	關內侯			黃初初	《三國志》卷14〈魏書・劉放傳〉	
桓纂		長沙臨湘	關內侯			黃初中	《三國志》卷22〈魏書・桓階傳〉	
薛悌		東郡（註73）	關內侯			黃初中	《三國志》卷15〈魏書・梁習傳〉裴注引《魏略》	
卻嘉			關內侯			黃初中	《三國志》卷15〈魏書・梁習傳〉裴注引《魏略》	
王思		濟陰	關內侯			黃初中	《三國志》卷15〈魏書・梁習傳〉裴注引《魏略》	

〔註73〕《三國志・陳矯傳》云東郡薛悌。

溫生		太原祁縣	關內侯	以父恢功賜爵，早卒爵絕		黃初中	《三國志》卷 15〈魏書·溫恢傳〉	
任覽		河南中牟	關內侯	文帝追錄父峻功賜爵		黃初中	《三國志》卷 16〈魏書·任峻傳〉	
裴潛	文行	河東聞喜	關內侯			黃初中	《三國志》卷 23〈魏書·裴潛傳〉	
徐邈	景山	燕國薊縣	關內侯			黃初中	《三國志》卷 27〈魏書·徐邈傳〉	
王思		濟陰	關內侯			黃初中	《三國志》卷 15〈魏書·梁習傳〉裴注引《魏略》	
劉靖		沛國相縣	關內侯			黃初中	《三國志》卷 15〈魏書·劉馥傳〉	
夏侯霸	仲權	沛國譙縣	關內侯			黃初中	《三國志》卷 9〈魏書·夏侯淵傳〉	
龐淯	子異	酒泉表氏	關內侯			黃初中	《三國志》卷 18〈魏書·龐淯傳〉	
王昶	文舒	太原晉陽	關內侯	明帝即位		太和元年	《三國志》卷 27〈魏書·王昶傳〉	
司馬芝	子華	河內溫縣	關內侯	明帝即位		太和元年	《三國志》卷 12〈魏書·司馬芝傳〉	
崔林	德儒	清河東武城	關內侯	明帝即位		太和元年	《三國志》卷 24〈魏書·崔林傳〉	
牽招	子經	安平觀津	關內侯	明帝即位		太和元年	《三國志》卷 26〈魏書·牽招傳〉	
杜基		潁川定陵	關內侯	明帝分弟襲邑百戶賜爵	100 戶	太和二年	《三國志》卷 23〈魏書·杜襲傳〉	
朱■		沛國	關內侯	因父讚而分曹真邑賜	100 戶	太和四年	《三國志》卷 9〈魏書·曹真傳〉	
夏侯威	季權	沛國譙縣	關內侯			太和中	《三國志》卷 9〈魏書·夏侯淵傳〉	父淵，太和中，賜霸四弟爵皆關內侯
夏侯惠	稚權	沛國譙縣	關內侯			太和中	《三國志》卷 9〈魏書·夏侯淵傳〉	
夏侯和	義權	沛國譙縣	關內侯			太和中	《三國志》卷 9〈魏書·夏侯淵傳〉	
牽嘉		安平觀津	關內侯	襲父招爵		青龍元年	《三國志》卷 26〈魏書·牽招傳〉	
楊豹		天水冀縣	關內侯	襲父阜爵		明帝時	《三國志》卷 25〈魏書·楊阜傳〉	

盧毓	子家	涿郡涿縣	關內侯	齊王即位		正始元年	《三國志》卷 22〈魏書・盧毓傳〉	
孫禮	德達	涿郡容城	關內侯			正始元年	《三國志》卷 24〈魏書・孫禮傳〉	
郭■		西平	關內侯	追嘉父憲功賜		正始初	《三國志》卷 11〈魏書・王脩傳〉裴注引魏略	
劉劭	孔才	廣平邯鄲	關內侯	執經講學		正始中	《三國志》卷 21〈魏書・劉劭傳〉	
劉琳		廣平邯鄲	關內侯	襲父劭爵		正始中	《三國志》卷 21〈魏書・劉劭傳〉	
王觀	偉臺	東郡廩丘	關內侯	據曹爽弟曹義營		嘉平元年	《三國志》卷 24〈魏書・王觀傳〉	
鄧艾	士載	義陽棘陽	關內侯	軍　功		嘉平元年	《三國志》卷 28〈魏書・鄧艾傳〉	
王基	伯輿	東萊曲城	關內侯	軍　功		嘉平四年	《三國志》卷 27〈魏書・王基傳〉	
王祥	休徵	琅邪臨沂	關內侯	與高貴鄉公定策功		嘉平六年	《晉書》卷 33〈王祥傳〉	
■邕			關內侯	時　爵		嘉平六年	《三國志》卷 4〈魏書・齊王芳紀〉	
■陜			關內侯	時　爵		嘉平六年	《三國志》卷 4〈魏書・齊王芳紀〉	疑即武陜
■超			關內侯	時　爵		嘉平六年	《三國志》卷 4〈魏書・齊王芳紀〉	
■芝			關內侯	時　爵		嘉平六年	《三國志》卷 4〈魏書・齊王芳紀〉	疑即司馬芝
傅嘏	蘭石	北地泥陽	關內侯			嘉平末	《三國志》卷 21〈魏書・傅嘏傳〉	
鍾會	士秀	潁川長社	關內侯	高貴鄉公即尊位		正元元年	《三國志》卷 28〈魏書・鍾會傳〉	
阮籍	嗣宗	陳留尉氏	關內侯	高貴鄉公即位		正元元年	《晉書》卷 49〈阮籍傳〉	
魯芝	世英	扶風郿縣	關內侯	高貴鄉公即位賜爵	200 戶	正元元年	《晉書》卷 90〈魯芝傳〉	
王喬		東萊曲城	關內侯	王基求分戶二百賜叔父子喬爵關內侯	200 戶	正元二年	《三國志》卷 27〈魏書・王基傳〉	
鄭小同		北海高密	關內侯			正元初〔註 74〕	《三國志》卷 4〈魏書・高貴鄉公紀〉	

〔註74〕《三國志・齊王芳紀》裴注引《魏書》載嘉平六年群臣上奏，鄭小同未有關內侯爵，則鄭小同應於高貴鄉公即位後方得爵。

文鴦		譙郡	關內侯	降司馬昭		甘露三年	《三國志》卷 28〈魏書・毋丘儉傳〉
文虎		譙郡	關內侯	降司馬昭		甘露三年	《三國志》卷 28〈魏書・毋丘儉傳〉
荀顗	景倩	潁川潁陰	關內侯	爲魏少帝執經		曹魏	《晉書》卷 39〈荀顗傳〉
荀勖	公曾	潁川潁陰	關內侯			曹魏	《晉書》卷 39〈荀勖傳〉
庾純	謀甫	潁川鄢陵	關內侯			曹魏	《晉書》卷 50〈庾峻傳〉
司馬岐		河內溫縣	關內侯	襲父芝爵		曹魏	《三國志》卷 12〈魏書・司馬芝傳〉
司馬肇		河內溫縣	關內侯	襲父岐爵		曹魏	《三國志》卷 12〈魏書・司馬芝傳〉
曹■		沛國譙縣	關內侯	因父遵而分曹真邑賜	100 戶	曹魏	《三國志》卷 9〈魏書・曹真傳〉
司馬遂	子伯	河內溫縣	關內侯			曹魏	《晉書》卷 37〈濟南惠王遂傳〉
司馬遜	子悌	河內溫縣	關內侯			曹魏	《晉書》卷 37〈譙剛王遜傳〉
高堂隆	升平	泰山平陽	關內侯			曹魏	《三國志》卷 25〈魏書・高堂隆傳〉
高堂琛		泰山平陽	關內侯	襲父隆爵		曹魏	《三國志》卷 25〈魏書・高堂隆傳〉
文厚		南陽宛縣	關內侯	分從父聘戶邑封		曹魏	《三國志》卷 18〈魏書・文聘傳〉
胡質	文德	楚國壽春	關內侯			曹魏	《三國志》卷 27〈魏書・胡質傳〉
龐曾		酒泉表氏	關內侯	襲父淯爵		曹魏	《三國志》卷 18〈魏書・龐淯傳〉
賈璣		武威	關內侯			曹魏	《新唐書》卷 75 下〈宰相世系表五下〉
孫彧			關內侯	軍　功		咸熙元年	《三國志》卷 4〈魏書・陳留王紀〉
賈輔			關內侯	軍　功		咸熙元年	《三國志》卷 4〈魏書・陳留王紀〉
鄭默	思元	滎陽開封	關內侯	專典伐蜀事		咸熙元年	《晉書》卷 44〈鄭袤附默傳〉
郤正	令先	河南偃師	關內侯	護送劉禪有功〔註 75〕		咸熙元年	《三國志》卷 42〈蜀書・郤正傳〉
羊琇	稚舒	泰山南城	關內侯	軍　功		咸熙元年	《三國志》卷 4〈魏書・陳留王紀〉

〔註 75〕《華陽國志・劉後主志》云郤正得爵原因是「舍妻子隨侍後主，相導威儀」。

段灼	休然	敦煌	關內侯	從鄧艾破蜀有功		咸熙元年	《晉書》卷 48〈段灼傳〉	
張倚			關內侯	以兄脩軍功賜爵		咸熙二年	《三國志》卷 4〈魏書·陳留王紀〉	
張華	茂先	范陽方城	關內侯	晉受禪		泰始元年	《晉書》卷 36〈張華傳〉	
王濬	士治	弘農湖縣	關內侯	誅張弘等		泰始八年	《晉書》卷 42〈王濬傳〉	
王尚		太原晉陽	關內侯	以父渾功封		泰始九年	《晉書》卷 42〈王渾傳〉	
和嶠	長輿	汝南西平	關內侯	時　爵		泰始十年	《三國志》卷 35〈蜀書·諸葛亮傳〉	
傅祗	子莊	北地泥陽	關內侯〔註76〕		300 戶	泰始初	《晉書》卷 47〈傅玄傳〉	
華嶠	叔駿	平原高唐	關內侯			泰始初	《晉書》卷 44〈華表傳〉	
唐彬	儒宗	魯國鄒縣	關內侯			泰始初	《晉書》卷 42〈唐彬傳〉	
楊禕		弘農華陰	關內侯	時　爵		咸寧四年	〈西晉辟雍碑〉	
王湛	處沖	太原晉陽	關內侯	以兄渾功封		太康元年	《晉書》卷 42〈王渾傳〉	
蔡襲		陳留〔註77〕	關內侯	羊祜舅子，以祜討吳賊功賜	300 戶	太康元年	《晉書》卷 34〈羊祜傳〉	
何攀	惠興	蜀郡郫縣	關內侯	吳　平〔註78〕		太康元年	《晉書》卷 45〈何攀傳〉	
李毅	允剛	廣漢郪縣〔註79〕	關內侯	吳　平		太康元年	《華陽國志》卷 11〈後賢志〉	
向雄	茂伯	河內山陽	關內侯			太康初	《晉書》卷 48〈向雄傳〉	
索靖	幼安	敦煌	關內侯	惠帝即位		永熙元年	《晉書》卷 60〈索靖傳〉	
何襲		蜀郡郫縣	關內侯	以叔父攀功封		元康元年	《華陽國志》卷 11〈後賢志〉	

〔註76〕按《三國志·傅嘏傳》，傅祗襲父嘏爵陽鄉侯，咸熙中開建五等，改封涇原子。然此處云晉武帝建東宮，以傅祗爲關內侯，邑三百戶。兩處傅祗皆字子莊，當同指一人，爲何會有咸熙元年爲五等爵、泰始元年爲關內侯的情形，疑當中有所錯誤，今附記之。

〔註77〕因《晉書·羊祜傳》云羊祜爲蔡邕外甥，故知蔡襲爲陳留人。

〔註78〕《華陽國志·大同志》作平吳功封侯。

〔註79〕《華陽國志·大同志》云天水人。

王承	安期	太原晉陽	關內侯	襲父湛爵		元康五年	《晉書》卷42〈王湛附承傳〉	
華恆	敬叔	平原高唐	關內侯			元康初	《晉書》卷44〈華表傳〉	
王長文	德㻧	廣漢郪縣	關內侯	從梁王肜誅賈氏有功封		永康元年	《華陽國志》卷11〈後賢志〉	
常騫	季慎	蜀郡江原	關內侯	從王起義有功封		永寧元年	《華陽國志》卷11〈後賢志〉	
褚䂮	謀遠	河南陽翟	關內侯	襲父頠爵		太安中	《晉書》卷77〈褚䂮傳〉	
郭乳		代郡	關內侯	北魏桓帝表授		惠帝末	《魏書》卷23〈衛操傳〉	
干寶	令升	汝陰新蔡	關內侯	討杜弢功賜爵		建興三年	《晉書》卷82〈干寶傳〉	
葛洪	稚川	丹楊句容	關內侯	以平賊功賜爵		建興中	《晉書》卷72〈葛洪傳〉	
褚頠		河南陽翟	關內侯			西晉	《晉書》卷77〈褚䂮傳〉	
劉■	世穎	廣平臨水	關內侯	死後		西晉	《漢魏南北朝墓誌彙編》	
王化	伯遠	廣漢郪縣	關內侯	退虜功封		西晉末	《華陽國志》卷11〈後賢志〉	

六、名號侯

人名	字	本籍	爵　位	得爵原因	食邑	得爵年	出　　處	備　註
李通	文達	江夏平春	建功侯	破張繡功		建安二年	《三國志》卷18〈魏書・李通傳〉	
劉珪		南陽蔡陽	崇德侯〔註80〕	獻帝禪讓		黃初元年	《後漢書》卷14〈趙孝王良傳〉	
劉羨		南陽蔡陽	崇德侯	獻帝禪讓		黃初元年	《後漢書》卷42〈東海恭王彊傳〉	
劉契		南陽蔡陽	崇德侯	獻帝禪讓		黃初元年	《後漢書》卷42〈沛獻王輔傳〉	
劉凱		南陽蔡陽	崇德侯	獻帝禪讓		黃初元年	《後漢書》卷42〈東平憲王蒼傳〉	
劉佗		南陽蔡陽	崇德侯	獻帝禪讓		黃初元年	《後漢書》卷42〈任城孝王尚傳〉	

〔註80〕按《三國志・文帝紀》，魏文帝「以漢諸侯王爲崇德侯，列侯爲關中侯」，疑崇德侯屬名號侯，即新爵之第十八級也。

劉祗	南陽蔡陽	崇德侯	獻帝禪讓		黃初元年	《後漢書》卷50〈彭城靖王恭傳〉	
劉彌	南陽蔡陽	崇德侯	獻帝禪讓		黃初元年	《後漢書》卷50〈梁節王暢傳〉	
劉陔	南陽蔡陽	崇德侯	獻帝禪讓		黃初元年	《後漢書》卷55〈河間孝王開傳〉	
劉開	南陽蔡陽	崇德侯	獻帝禪讓		黃初元年	《後漢書》卷55〈河間孝王開傳〉	
孔羨	魯國魯縣	宗聖侯〔註81〕	孔子二十一葉孫	100戶	黃初二年	《三國志》卷2〈魏書・文帝紀〉、《後漢書》卷79上〈孔僖傳〉章懷太子注	
宕蕈		守善羌侯	時　爵		景初二年	《三國志》卷3〈魏書・明帝紀〉裴注引《漢晉春秋》	
孔震	魯國魯縣	宗聖侯	孔子二十三葉孫		曹　魏	《晉書》卷3〈武帝紀〉、《後漢書》卷79上〈孔僖傳〉章懷太子注	
■■		鄯善國	假歸義侯	遣子入侍	太康四年	《晉書・武帝紀》	

七、關中侯

人名	字	本籍	爵　位	得爵原因	食邑	得爵年	出　　處	備　註
孫資	彥龍	太原中都	關中侯			黃初初	《三國志》卷14〈魏書・劉放附孫資傳〉	
劉整			關中侯	追　賜		嘉平六年	《三國志》卷4〈魏書・齊王紀〉	
鄭像			關中侯	追　賜		嘉平六年	《三國志》卷4〈魏書・齊王紀〉	
羊祜	叔子	泰山南城	關中侯	陳留王立	100戶	景元元年	《晉書》卷34〈羊祜傳〉	
李胤	宣伯	遼東襄平	關中侯	銓綜廉平		曹　魏	《晉書》卷44〈李胤傳〉	
侯史光	孝明	東萊掖縣	關中侯			咸熙初	《晉書》卷45〈侯史光傳〉	
庾峻	山甫	潁川鄢陵	關中侯	武帝踐阼		泰始元年	《晉書》卷50〈庾峻傳〉	
陳恒		臨淮東陽	關中侯	以叔父騫功賜		泰始十年	《晉書》卷35〈陳騫傳〉	

〔註81〕《後漢書・孔僖傳》作崇聖侯。

人名	字	本籍	爵　位	得爵原因	得爵年	出　　處	備註
何達		蜀郡郫縣	關中侯	以叔父攀功封	元康元年	《晉書》卷45〈何攀傳〉	
劉喬	仲彥	南陽安眾	關中侯	誅楊駿功	元康元年	《晉書》卷61〈劉喬傳〉	
裴祗	季贊	河東聞喜	關中侯	薨　後	元康三年	〈裴祗墓志〉〔註82〕	
蘇紹	世嗣	始平武功	關中侯	時　爵	元康六年	《世說新語》卷9〈品藻〉	
程據			關中侯	時　爵	元康七年	〈徐美人墓志〉〔註83〕	
劉琁			關中侯	時　爵	元康七年	〈徐美人墓志〉	
曹臣		沛國譙縣	關中侯		元康中	《通典》卷99〈禮五十九〉	父志
馬敦		扶風	關中侯		惠帝時	《全晉文》引《文選・潘岳馬研督誄》	
李壹		代郡	關中侯	北魏桓帝表授	惠帝末	《魏書》卷23〈衛操傳〉	
石麗	處約	樂陵厭次	關中侯	少受賜官	西　晉	《漢魏南北朝墓誌彙編》	
鄭舒		滎陽開封	關中侯		西　晉	《漢魏南北朝墓誌彙編》	
劉韜	泰伯		關中侯	死　後	西　晉	《漢魏南北朝墓誌彙編》	
高原		漁陽雍奴	關中侯		晉〔註84〕	《魏書》卷54〈高閭傳〉	

八、公

人名	字	本籍	爵　位	得爵原因	食邑	得爵年	出　　處	備　註
曹操	孟德	沛國譙縣	魏　公			建安十八年	《三國志》卷1〈魏書・武帝紀〉	

〔註82〕關於〈裴祗墓志〉的研究與討論，可參黃明蘭，〈西晉裴祗和北魏元暐兩墓拾零〉，載《文物》，1（北京，1982）；後收入《漢魏洛陽故城研究》，頁663-668。

〔註83〕關於對〈徐美人墓志〉的研究與討論，可參河南省文化局文物工作隊第二隊，〈洛陽晉墓的發掘〉，原載《考古學報》，1（北京，1957）；後收入洛陽市文物局、洛陽白馬寺漢魏故城文物保管所編，《漢魏洛陽故城研究》，頁321-337。黃明蘭，〈西晉散騎常侍韓壽墓表跋〉，原載《文物》，1（北京，1982）；後收入《漢魏洛陽故城研究》，頁762-766。陳直，〈晉徐美人墓石考釋〉，原載《河南文博通訊》，1（鄭州，1980）；後收入洛陽市文物局、洛陽白馬寺漢魏故城文物保管所編，《漢魏洛陽故城研究》，頁767-770。

〔註84〕未知為西晉或東晉。

劉協		南陽蔡陽	山陽公	禪讓與魏文帝曹丕	10000戶	黃初元年	《三國志》卷2〈魏書·文帝紀〉	位在諸侯王上
曹叡	元仲	沛國譙縣	齊 公	進 爵		黃初二年	《三國志》卷3〈魏書·明帝紀〉	
曹琮		沛國譙縣	冠軍公	徙 封		黃初三年	《三國志》卷20〈魏書·鄧哀王沖傳〉	
曹琬		沛國譙縣	中都公	奉曹昂後		黃初三年	《三國志》卷20〈魏書·豐愍王昂傳〉	
曹琬		沛國譙縣	長子公	徙 封		黃初三年	《三國志》卷20〈魏書·豐愍王昂傳〉	
曹抗		沛國譙縣	薊 公	徙 封		黃初三年	《三國志》卷20〈魏書·樊安公均傳〉	
曹琮		沛國譙縣	己氏公	徙 封		黃初四年	《三國志》卷20〈魏書·鄧哀王沖傳〉	景初元年貶爵為都鄉侯
曹抗		沛國譙縣	屯留公	徙 封		黃初四年	《三國志》卷20〈魏書·樊安公均傳〉	
曹壹		沛國譙縣	濟陽公	進 爵		黃初四年	《三國志》卷20〈魏書·濟陽懷王玹傳〉	
曹範		沛國譙縣	成武公	進 爵		太和三年	《三國志》卷20〈魏書·郿戴公子整傳〉	
公孫淵		遼東襄平	樂浪公	斬送孫權使		青龍元年	《三國志》卷3〈魏書·明帝紀〉	
劉康		南陽蔡陽	山陽公	襲祖協爵		青龍二年	《三國志》卷3〈魏書·明帝紀〉裴注引《獻帝傳》	
曹闡		沛國譙縣	郿 公	奉曹整後		青龍四年	《三國志》卷20〈魏書·郿戴公子整傳〉	
曹諶		沛國譙縣	屯留公	襲父抗爵		景初元年	《三國志》卷20〈魏書·樊安公均傳〉	
曹琮		沛國譙縣	己氏公	復 封		景初三年	《三國志》卷20〈魏書·鄧哀王沖傳〉	
曹髦	彥士	沛國譙縣	管縣高貴鄉公			正始五年	《三國志》卷4〈魏書·高貴鄉公紀〉	
曹琮		沛國譙縣	平陽公	徙 封		正始七年	《三國志》卷20〈魏書·鄧哀王沖傳〉	
司馬懿	仲達	河內溫縣	安平郡公	孫及兄子各一人為列侯	50000戶	嘉平三年	《晉書》卷1〈宣帝紀〉	子弟侯者十九人,固讓相國郡公不受
司馬昭	子上	河內溫縣	高都公		地方七百里	甘露元年	《晉書》卷2〈文帝紀〉	固辭不受
司馬昭	子上	河內溫縣	晉 公		食邑八郡	甘露三年	《三國志》卷4〈魏書·高貴鄉公紀〉	固辭乃止後乃受

曹奐	景明	沛國譙縣	安次縣常道鄉公			甘露三年	《三國志》卷 4〈魏書·陳留王紀〉
曹恆		沛國譙縣	濟陽公	襲父壹爵		曹魏	《三國志》卷 20〈魏書·濟陽懷王玹傳〉
曹苗		沛國譙縣	高陽鄉公			曹魏	《全三國文》卷 15〈封二子爲鄉公謝恩章〉
曹闡		沛國譙縣	東安鄉公			曹魏	《三國志》卷 20〈魏書·郿戴公子整傳〉
曹志	允恭	沛國譙縣	穆鄉公			曹魏	《全三國文》卷 15〈封二子爲鄉公謝恩章〉
劉禪	公嗣	涿郡涿縣	安樂縣公	降 魏	10000戶	咸熙元年	《三國志》卷 33〈蜀書·後主傳〉	子孫爲三都尉封侯者五十餘人
司馬孚	叔達	河內溫縣	長樂公			咸熙元年	《晉書》卷 37〈安平獻王孚傳〉
郭建		西平	臨渭縣公		1800戶	咸熙元年	《三國志》卷 5〈魏書·明元郭皇后傳〉
甄德	彥孫	中山無極	廣安縣公	進 封	1800戶	咸熙元年	《三國志》卷 5〈魏書·文昭甄皇后傳〉
石苞	仲容	渤海南皮	樂陵郡公〔註85〕	武帝踐阼進封		泰始元年	《晉書》卷 33〈石苞傳〉
荀顗	景倩	潁川潁陰	臨淮公	武帝踐阼進封	1800戶	泰始元年	《晉書》卷 39〈荀顗傳〉
陳騫	休淵	臨淮東陽	高平郡公〔註86〕	武帝受禪		泰始元年	《三國志》卷 22〈魏書·陳矯傳〉、《晉書》卷 35〈陳騫傳〉
王祥	休徵	琅邪臨沂	睢陵公	武帝踐阼		泰始元年	《晉書》卷 33〈王祥傳〉
王沈	處道	太原晉陽	博陵縣公〔註87〕	武帝受禪	1800戶	泰始元年	《晉書》卷 39〈王沈傳〉
曹芳	蘭卿	沛國譙縣	邵陵縣公	晉受禪降封		泰始元年	《三國志》卷 4〈魏書·齊王紀〉
曹志	允恭	沛國譙縣	鄄城縣公	武帝受禪降封		泰始元年	《晉書》卷 50〈曹志傳〉
曹宇	彭祖	沛國譙縣	燕 公〔註88〕	晉受禪降封		泰始元年	《通典》卷 93〈禮五十三〉「王侯兄弟繼統服議」

〔註85〕《晉書·武帝紀》作樂陵公。
〔註86〕《晉書·武帝紀》作高平公。
〔註87〕《晉書·武帝紀》云博陵公。
〔註88〕李慈銘認爲曹宇入晉降封爲燕公，至咸寧四年始薨，參（清）李慈銘，《越縵堂讀史札記全編》（北京：北京圖書館出版社，2003），頁 530。

何曾	穎考	陳國陽夏	朗陵公〔註89〕	武帝踐阼	1800戶	泰始元年	《晉書》卷33〈何曾傳〉	
姬署			衛公			泰始元年	《晉書》卷3〈武帝紀〉	
裴秀	季彥	河東聞喜	鉅鹿郡公	武帝受禪	3000戶	泰始元年	《晉書》卷35〈裴秀傳〉	
鄭沖	文和	滎陽開封	壽光公	武帝踐阼		泰始元年	《晉書》卷33〈鄭沖傳〉	
衛瓘	伯玉	河東安邑	菑陽公〔註90〕			泰始元年	《晉書》卷36〈衛瓘傳〉	
賈充	公閭	河東襄陵	魯郡公	晉武帝踐阼		泰始元年	《晉書》卷40〈賈充傳〉	泰始四年賜充子弟一人關內侯
王馥		琅邪臨沂	睢陵公	襲父祥爵		泰始五年	《晉書》卷33〈王祥傳〉	
孫秀		吳國富陽	會稽公	奔晉，永寧中卒		泰始六年	《三國志》卷51〈吳書·孫匡傳〉	
劉恂		涿郡涿縣	安樂縣公	襲父禪爵		泰始七年	《三國志》卷33〈蜀書·後主傳〉	
裴濬		河東聞喜	鉅鹿公	襲父秀爵		泰始七年	《晉書》卷35〈裴秀傳〉	
石統	弘緒	渤海南皮	樂陵公	襲父苞爵		泰始八年	《晉書》卷33〈石苞傳〉	
步闡		臨淮淮陰	宜都公	降晉		泰始八年	《三國志》卷52〈吳書·步騭傳〉、《晉書》卷3〈武帝紀〉	晉軍未至而亡
荀徽		潁川潁陰	臨淮公	襲從祖顗爵		泰始十年	《晉書》卷39〈荀顗傳〉	
鄭徽		滎陽開封	壽光公	襲從父沖爵		泰始十年	《晉書》卷33〈鄭沖傳〉	
郭嘏		西平	臨渭縣公	襲父建爵		泰始中	《三國志》卷5〈魏書·明元郭皇后傳〉	
裴頠	逸民	河東聞喜	鉅鹿公〔註91〕	襲兄濬爵		咸寧元年	《晉書》卷35〈裴秀傳〉	
何劭	敬祖	陳國陽夏	朗陵縣公	襲父曾爵		咸寧四年	《晉書》卷33〈何曾傳〉	
王浚	彭祖	太原晉陽	博陵郡公〔註92〕	襲父沉追封爵		咸寧中	《晉書》卷39〈王沈傳〉、〈晉王浚妻華芳墓誌〉	

〔註89〕 《三國志‧何夔傳》作朗陵縣公。
〔註90〕 《宋書‧荀伯子傳》作蕭陽公。
〔註91〕 《晉書‧武帝紀》載咸寧元年以裴頠爲鉅鹿公。
〔註92〕 《漢魏南北朝墓誌彙編》云博陵公。

王渾	玄沖	太原晉陽	京陵公	平吳有功	加8000戶	太康元年	《晉書》卷42〈王渾傳〉、《三國志》卷27〈魏書·王昶傳〉裴注引《晉書》	封一子江陵侯
陳輿	顯初	臨淮東陽	高平郡公	襲父騫爵		太康二年	《晉書》卷35〈陳騫傳〉	
賈謐	長深	河東襄陵	魯公	韓壽子，賈充外孫，入嗣		太康三年	《晉書》卷40〈賈充傳〉	
司馬澹	思弘	河內溫縣	東武公		5200戶	太康四年	《晉書》卷38〈琅邪王由傳〉	
司馬繇	思玄	河內溫縣	東安公			太康四年	《晉書》卷38〈琅邪王由傳〉	
司馬漼	思沖	河內溫縣	廣陵公		2900戶	太康四年	《晉書》卷38〈琅邪王由傳〉	
劉瑾		南陽蔡陽	山陽公	襲父康爵		太康六年	《後漢書》卷9〈獻帝紀〉	
劉秋		南陽蔡陽	山陽公	襲父瑾爵		太康十年	《後漢書》卷9〈獻帝紀〉	永嘉元年為胡賊所殺，國除
司馬歆	弘舒	河內溫縣	新野縣公	兄暢推恩請分國封歆	1800戶	太康十年	《晉書》卷38〈扶風王駿傳〉	儀比縣王
甄喜		中山無極	廣安縣公	襲父德爵		太康中	《三國志》卷5〈魏書·文昭甄皇后傳〉	
司馬羕	延年	河內溫縣	西陽縣公			太康末	《晉書》卷59〈汝南王亮傳〉	
司馬永		河內溫縣	安德縣公	父幹		太熙中	《晉書》卷38〈平原王榦傳〉	
華異	長駿	平原高唐	觀陽公	惠帝即位進封		永熙元年	《晉書》卷44〈華表傳〉	
孟觀	叔時	渤海東光	上谷郡公	豫誅楊駿功又進封		元康元年	《晉書》卷60〈孟觀傳〉	
石行		渤海南皮	樂陵公	襲祖苞爵		元康元年	《北堂書鈔》卷48〈封爵部〉「尊賢繼絕封」	
傅祇	子莊	北地泥陽	靈川縣公〔註93〕	討楊駿勳	1800戶〔註94〕	元康元年	《晉書》卷47〈傅玄傳〉	
王愷	君夫	東海	山都縣公	討楊駿勳封	1800戶	元康元年	《晉書》卷93〈王恂附虔傳〉	
石陋	處賤	樂陵厭次	昌安公	襲父鑒爵		元康四年	《晉書》卷44〈石鑒傳〉	

〔註93〕據《晉書·傅玄傳》校勘記引《諸史考異》，「靈川」當作「靈州」。
〔註94〕原封郡公八千戶，固讓減半，降封。

王濟	武子	太原晉陽	京陵公	襲父渾爵		元康七年	《晉書》卷42〈王渾傳〉	
石演		渤海南皮	樂陵公	崇從孫		永寧元年	《晉書》卷33〈石苞傳〉	
何歧 〔註95〕		陳國陽夏	朗陵縣公	襲父劭爵		永寧元年	《晉書》卷33〈何曾傳〉	
張林		常山眞定	郡　公	與趙王倫爲亂		永寧元年	《三國志》卷8〈魏書・張燕傳〉裴注引《晉惠帝起居注》	
祖納	士言	范陽遒縣	晉昌公			永寧元年	《晉書》卷62〈祖逖附納傳〉	
卞粹	玄仁	濟陰冤句	成陽公	齊王冏輔政進爵		永寧元年	《晉書》卷70〈卞壼傳〉	
和演			開國公侯	興義功臣		永寧元年	《晉書》卷59〈成都王穎傳〉	
董洪			開國公侯	興義功臣		永寧元年	《晉書》卷59〈成都王穎傳〉	
王彦			開國公侯	興義功臣		永寧元年	《晉書》卷59〈成都王穎傳〉	
趙驤			開國公侯	興義功臣		永寧元年	《晉書》卷59〈成都王穎傳〉	
葛旟			牟平公	齊王冏執政		永寧元年	《晉書》卷59〈齊王冏傳〉	
路秀 〔註96〕			小黃公	齊王冏執政		永寧元年	《晉書》卷59〈齊王冏傳〉	
衛毅			陰平公 〔註97〕	齊王冏執政		永寧元年	《晉書》卷59〈齊王冏傳〉	
劉眞			安鄉公	齊王冏執政		永寧元年	《晉書》卷59〈齊王冏傳〉	
韓泰			封丘公	齊王冏執政		永寧元年	《晉書》卷59〈齊王冏傳〉	
鄭球	子瑜	滎陽開封	平壽公	從討趙王倫		永寧元年	《晉書》卷44〈鄭袤附球傳〉	
潘尼	正叔	滎陽中牟	安昌公	隨齊王冏起義		永寧元年	《晉書》卷55〈潘岳附尼傳〉	
賈秃		河東襄陵	魯　公	襲從曾祖充爵		永寧元年	《晉書》卷40〈賈充傳〉	
裴嵩		河東聞喜	鉅鹿公	襲父頠爵		永寧元年	《晉書》卷35〈裴秀傳〉	

〔註95〕　《三國志・何夔傳》裴注引《晉諸公贊》作何蕤。
〔註96〕　《晉書・惠帝紀》云路季。
〔註97〕　《晉書・惠帝紀》云平陰公。

荀藩	大堅	穎川穎陰	西華縣公	從駕討齊王冏功		太安元年	《晉書》卷39〈荀勖傳〉	
劉暾	長升	東萊掖縣	朱虛縣公	豫討齊王冏	1800戶	太安元年	《晉書》卷45〈劉毅附暾傳〉	
務勿塵〔註98〕		東郡鮮卑	遼西郡公		親晉王	太安二年	《晉書》卷39〈王沈附浚傳〉	
高光	宣茂	陳留圉城	延陵縣公	從駕討成都王穎有勳	1800戶		《晉書》卷41〈高光傳〉	
溫羨	長卿	太原祁縣	大陵縣公	從駕討成都王穎有勳	1800戶	永興元年	《晉書》卷44〈溫羨傳〉	
賈湛		河東襄陵	魯 公	襲從曾祖充爵		永興中	《晉書》卷40〈賈充傳〉	遭亂死國除
張華	茂先	范陽方城	壯武郡公	論前後忠勳		惠帝初	《晉書》卷36〈張華傳〉	後復廣武侯印綬
石鑒	林伯	樂陵厭次	昌安公	進 爵		惠帝時	《晉書》卷4〈惠帝紀〉、漢魏南北朝墓誌彙編15	
劉弘	叔和	沛國相縣	宣城公	勳德兼茂		惠帝時	《晉書》卷66〈劉弘傳〉	其後論平張昌功,封次子一人縣侯
傅沖		北地泥陽	靈川縣公	襲祖祗爵		惠帝時	《晉書》卷47〈傅玄傳〉	
華混	敬倫	平原高唐	觀陽公	襲父廙爵		惠帝時	《晉書》卷44〈華表傳〉	
羊玄之		泰山南城	興晉公〔註99〕	后 父		惠帝時	《晉書》卷93〈羊玄之傳〉	
衛璪	仲寶	河東安邑	蘭陵郡公	襲祖瓘追封爵		惠帝時	《晉書》卷36〈衛瓘傳〉	
衛璪	仲寶	河東安邑	江夏郡公	改 封	8500戶	惠帝時	《晉書》卷36〈衛瓘傳〉	因東海王越以蘭陵益其國而改封
荀晞	道將	河內山陽	東平郡公	進 封		永嘉元年	《晉書》卷61〈荀晞傳〉	
孫惠	德施	吳國富陽	臨湘縣公	迎大駕之功		永嘉元年	《晉書》卷71〈孫惠傳〉	
張軌	士彥	安定烏氏	西平郡公	敗劉聰於河東		永嘉二年	《晉書》卷86〈張軌傳〉	不受

〔註98〕《晉書‧惠帝紀》云段勿塵。
〔註99〕《晉書‧武帝紀》作興晉侯。

賈疋	彥度	武威	酒泉公〔註100〕	愍帝封，是年卒		永嘉六年	《晉書》卷60〈賈疋傳〉	
猗盧		鮮卑	代 公			永嘉六年	《晉書》卷5〈懷帝紀〉	
荀崧	景猷	潁川潁陰	舞陽縣公	修復山陵		永嘉中	《晉書》卷75〈荀崧傳〉	
荀崧	景猷	潁川潁陰	曲陵公	改 封		永嘉中	《晉書》卷75〈荀崧傳〉	
卞壺	望之	濟陰冤句	成陽公	襲父粹爵		永嘉中	《晉書》卷70〈卞壺傳〉	
荀邃	道玄	潁川潁陰	西華縣公	襲父藩爵		建興元年	《晉書》卷39〈荀勖傳〉	
荀組	大章	潁川潁陰	臨潁縣公	進 爵		建興元年	《晉書》卷39〈荀勖傳〉	
華恆	敬叔	平原高唐	苑陵縣公	愍帝即位進封		建興元年	《晉書》卷44〈華表傳〉	
周玘	宣佩	義興陽羨	烏程公	進 爵		建興元年	《晉書》卷58〈周處傳〉	
周勰	彥和	義興陽羨	烏程公	襲父玘爵		建興元年	《晉書》卷58〈周處傳〉	
張軌	士彥	安定烏氏	西平公	勤王功		建興二年	《晉書》卷86〈張軌傳〉	又固辭
張寔	安遜	安定烏氏	西平公			建興二年	《晉書》卷86〈張軌傳〉	
索隱	巨秀	敦煌	上洛郡公	軍 功	10000戶	建興二年	《晉書》卷60〈索靖傳〉	
慕容廆		昌黎棘城鮮卑	昌黎遼東二國公	愍帝封	鎮軍將軍	建興中	《晉書》卷108〈慕容廆載記〉	
趙酆	子仲	河內溫縣	東平陵公			西 晉	《三國志》卷15〈魏書·司馬朗傳〉裴注引《百官名》	
王根		琅邪臨沂	睢陵公	襲父馥爵		西 晉	《晉書》卷33〈王祥傳〉	
陳植	弘先	臨淮東陽	高平郡公	襲父騫爵		西 晉	《晉書》卷35〈陳騫傳〉	
陳粹		臨淮東陽	高平郡公	襲父植爵		西 晉	《晉書》卷35〈陳騫傳〉	
陳準	道基〔註101〕	潁川許昌	廣陵郡公			西 晉	《三國志》卷22〈魏書·陳群附泰傳〉	

〔註100〕《新唐書·宰相世系表》作酒泉郡公。
〔註101〕《新唐書·宰相世系表》云字道基。

陳眕 〔註102〕		潁川	廣陵公	疑襲父陳準 爵		西　晉	《晉書》卷40〈賈充 附諡傳〉、同書卷104 〈石勒載記〉
司馬紘	偉德	河內 溫縣	堂邑縣公	初　封		西　晉	《晉書》卷37〈彭城 穆王權傳〉
司馬 騰	元邁	河內 溫縣	東嬴公			西　晉	《晉書》卷37〈高密 文獻王泰傳〉
司馬 模	元表	河內 溫縣	平昌公			西　晉	《晉書》卷37〈高密 文獻王泰傳〉
司馬 宗	延祚	河內 溫縣	南頓公			西　晉	《晉書》卷59〈汝南 王亮傳〉
司馬 熙		河內 溫縣	汝陽公			西　晉	《晉書》卷59〈汝南 王亮傳〉
鄭簡		滎陽 開封	壽光公	襲父徽爵		西　晉	《晉書》卷33〈鄭沖 傳〉
荀■		潁川 潁陰	安昌公			西　晉	《通典》卷48〈禮八〉 「諸侯大夫士宗廟」
劉弘	叔和	沛國 相縣	新城郡公	進　封		西晉末	《三國志》卷15〈魏 書・劉馥傳〉
華陶		平原 高唐	觀陽公	襲父混爵		西晉末	《晉書》卷44〈華表 傳〉
何襲		陳國 陽夏	朗陵公			西晉末	《晉書》卷104〈石勒 載記上〉
王卓	文宣	太原 晉陽	京陵公	襲父濟爵		西晉末	《晉書》卷42〈王渾 傳〉
■■			溫　公			晉〔註103〕	《通典》卷83〈禮四 十三〉「天子諸侯大 夫士弔哭議」

九、侯

人名	字	本籍	爵　位	得爵原因	食邑	得爵年	出　　　處	備　註
王沈	處道	太原 晉陽	博陵侯	五等建		咸熙元年	《晉書》卷39〈王沈 傳〉	班在次國
裴秀	季彥	河東 聞喜	濟川侯 〔註104〕	改官制	1400 戶	咸熙元年	《晉書》卷35〈裴秀 傳〉	
衛瓘	伯玉	河東 安邑	菑陽侯 〔註105〕			咸熙元年	《晉書》卷36〈衛瓘 傳〉	

〔註102〕《新唐書・宰相世系表》作陳伯眕。
〔註103〕未知爲西晉或東晉之爵。
〔註104〕《三國志・裴潛傳》裴注引《文章敘錄》作廣川侯。
〔註105〕《宋書・荀伯子傳》作蕭陽侯。

程喜	申伯	上黨長子	廣年侯	從鄧艾伐蜀		咸熙元年	《山右石刻叢編》卷1	
程雄	長思	上黨長子	山陽侯			咸熙元年	《山右石刻叢編》卷1	
任愷	元褒	樂安博昌	昌國縣侯	晉國建		咸熙元年	《晉書》卷45〈任愷傳〉	
賈充	公閭	河東襄陵	臨沂侯	五等初建		咸熙元年	《晉書》卷40〈賈充傳〉	
司馬駿	子臧	河內溫縣	東牟侯			咸熙元年	《晉書》卷38〈扶風王駿傳〉	
司馬攸	大猷	河內溫縣	安昌侯	五等建		咸熙元年	《晉書》卷38〈齊王攸傳〉	
武陔	元夏	沛國竹邑	薛縣侯	五等建		咸熙元年	《晉書》卷45〈武陔傳〉	
荀顗	景倩	潁川潁陰	臨淮侯	興復五等		咸熙元年	《晉書》卷39〈荀顗傳〉	
甄溫	仲舒	中山無極	無極侯	改　封		咸熙元年	《三國志》卷5〈魏書‧文昭甄皇后傳〉	
何曾	潁考	陳國陽夏	朗陵侯			咸熙元年	《晉書》卷33〈何曾傳〉	
陳騫	休淵	臨淮東陽	郯　侯	徙　封		咸熙元年	《晉書》卷35〈陳騫傳〉	
王廣		東萊曲城	東武侯	以祖基著勳前朝改封		咸熙元年	《三國志》卷27〈魏書‧王基傳〉	
王祥	休徵	琅邪臨沂	睢陵侯	五等建	1600戶	咸熙元年	《晉書》卷33〈王祥傳〉	
賈充	公閭	河東襄陵	臨潁侯	司馬炎襲晉王改封		咸熙二年	《晉書》卷40〈賈充傳〉	
鄭袤	林叔	滎陽開封	密陵侯	武帝踐阼進封		泰始元年	《晉書》卷44〈鄭袤傳〉	
王渾	玄沖	太原晉陽	京陵侯		加1800戶	泰始元年	《晉書》卷42〈王渾傳〉	
李喜	季和	上黨銅鞮	祁　侯			泰始元年	《晉書》卷41〈李喜傳〉	
解修		濟南著縣	梁鄒侯	武帝受禪		泰始元年	《晉書》卷60〈解系傳〉	
羊祜	叔子	泰山南城	鉅平侯〔註106〕	武帝受禪	2000戶	泰始元年	《晉書》卷34〈羊祜傳〉	

〔註106〕原封爲公，固讓不受，後假夫人世子印綬，食本秩三分之一，皆如郡公侯比。

羅憲	令則	襄陽	西鄂縣侯	改　封		泰始元年〔註107〕	《三國志》卷41〈蜀書・霍峻傳〉裴注引《漢晉春秋》	
荀勖	公曾	潁川潁陰〔註108〕	濟北侯	武帝受禪進爵		泰始元年	《晉書》卷39〈荀勖傳〉	
魯芝	世英	扶風郿縣	陰平侯	武帝踐阼進封		泰始元年	《晉書》卷90〈魯芝傳〉	
盧欽	子若	范陽涿縣	大梁侯			泰始元年	《晉書》卷44〈盧欽傳〉	
侯史光	孝明	東萊掖縣	臨海侯	奏事稱旨		泰始二年	《晉書》卷45〈侯史光傳〉	
步璣		臨淮淮陰	江陵侯	降晉改封		泰始八年	《三國志》卷52〈吳書・步騭傳〉	泰始八年被誅
鄭默	思元	滎陽開封	密陵侯	襲父袤爵		泰始九年	《晉書》卷44〈鄭袤附默傳〉	
司馬整		河內溫縣	清泉侯			泰始初	《晉書》卷37〈安平獻王孚傳〉	
周浚	開林	汝南安成	射陽侯			泰始初	《晉書》卷61〈周浚傳〉	
李胤	宣伯	遼東襄平	廣陸侯	進　爵		泰始初	《晉書》卷44〈李胤傳〉	
胡奮	玄威	安定臨涇	陽夏侯	進　封		泰始初	《晉書》卷3〈武帝紀〉	
滿瑋		山陽昌邑	昌邑侯	復　封〔註109〕		泰始初	《通典》卷93〈禮五十三〉「三公諸侯大夫降服議」	
毌丘■		河東聞喜	安邑侯	復　封〔註110〕		泰始初	《三國志》卷28〈魏書・毌丘儉傳〉、《晉書》卷3〈武帝紀〉	
鄧■		義陽棘陽	鄧侯	復　封〔註111〕		泰始初	《三國志》卷28〈魏書・鄧艾傳〉、《晉書》卷3〈武帝紀〉	
胡威	伯武	淮南壽春	平春侯	以功封		泰始中	《晉書》卷90〈胡威傳〉	
楊駿	文長	弘農華陰	臨晉侯	后　父		咸寧二年	《晉書》卷3〈武帝紀〉、同書卷40〈楊駿傳〉	

〔註107〕《華陽國志・巴志》云泰始二年封，《晉書・羅憲傳》云泰始六年追封。

〔註108〕原封濟北郡公，因羊祜讓乃固辭爲侯。

〔註109〕滿瑋祖寵以功封昌邑侯，後失爵，疑此即《晉書・武帝紀》泰始二年詔亡官失爵者皆復之果。

〔註110〕疑此即與滿瑋復封同樣情形。

〔註111〕疑此即與滿瑋復封同樣情形。

孫楷		吳國富陽	丹楊侯	降　晉		咸寧二年	《三國志》卷 51〈吳書·孫韶傳〉、《晉書》卷 3〈武帝紀〉	
司馬睦	子友	河內溫縣	丹水縣侯	有罪貶		咸寧三年	《晉書》卷 37〈高陽王睦傳〉	
羊祜	叔子	泰山南城	南城侯〔註112〕	徙　封		咸寧三年	《晉書》卷 34〈羊祜傳〉、同書卷 3〈武帝紀〉	讓不受
盧浮	子雲	范陽涿縣	大梁侯	襲父欽爵		咸寧四年	《晉書》卷 44〈盧欽傳〉	
傅咸	長虞	北地泥陽	清泉侯〔註113〕	襲父玄追封爵		咸寧四年	《晉書》卷 47〈傅玄傳〉	
羊篇		泰山南城	鉅平侯	襲叔父祜爵		咸寧中	《晉書》卷 34〈羊祜傳〉	
孫皓	元宗	吳國富陽	歸命侯	降　晉		太康元年	《三國志》卷 48〈吳書·孫皓傳〉	
唐彬	儒宗	魯國鄒縣	上庸縣侯〔註114〕	平吳功	6000戶	太康元年	《晉書》卷 42〈唐彬傳〉	
張華	茂先	范陽方城	廣武縣侯	謀伐吳功	10000戶	太康元年	《晉書》卷 36〈張華傳〉	
王濬	士治	弘農湖縣	襄陽縣侯〔註115〕	平吳功進封	10000戶	太康元年	《晉書》卷 42〈王濬傳〉	
胡奕	次孫	淮南壽春	平春侯	襲父威爵		太康元年	《晉書》卷 90〈胡威傳〉	
杜預	元凱	京兆杜陵	當陽縣侯〔註116〕	伐吳有功進封	9600戶〔註117〕	太康元年	《晉書》卷 34〈杜預傳〉	
周浚	開林	汝南安成	成武侯	隨王渾伐吳功進封	6000戶	太康元年	《晉書》卷 61〈周浚傳〉	
滕脩	顯先	南陽西鄂	武當侯	降　晉		太康元年	《晉書》卷 57〈滕脩傳〉	
李高		巴西西充國	縣侯	獲孫皓功封		太康元年	《華陽國志》卷 11〈後賢志〉	
陶璜	世英	丹楊秣陵	宛陵侯	由吳歸順		太康元年	《晉書》卷 57〈陶璜傳〉	

〔註112〕詔以泰山之南武陽牟南城梁父平陽五縣爲南城郡。
〔註113〕《新唐書·宰相世系表》作鶉觚侯。
〔註114〕《晉書·武帝紀》作上庸侯。
〔註115〕《晉書·武帝紀》云襄陽侯。
〔註116〕《晉書·武帝紀》、《晉書·律曆志》作當陽侯。
〔註117〕《三國志·杜畿傳》裴注引《杜氏新書》云食邑八千戶。

王戎	濬沖	琅邪臨沂	安豐縣侯〔註118〕	平吳功	加6000戶	太康元年	《晉書》卷43〈王戎傳〉	
王■		太原晉陽	江陵侯	以父渾平吳功封		太康元年	《晉書》卷42〈王渾傳〉	
司馬訟		河內溫縣	眞定縣侯	爲緝後		太康二年	《晉書》卷37〈安平獻王孚傳〉	
李志	彥道	遼東襄平	廣陸侯	襲祖胤爵		太康三年	《晉書》卷44〈李胤傳〉	
杜錫	世嘏	京兆杜陵	當陽縣侯	襲父預爵		太康五年	《晉書》卷34〈杜預傳〉	
王矩		弘農湖縣	襄陽侯	襲父濬爵		太康六年	《晉書》卷42〈王濬傳〉	
荀輯		穎川穎陰	濟北侯	襲父勖爵		太康十年	《晉書》卷39〈荀勖傳〉	
何楨	元幹	廬江灊縣	雩婁侯			武帝時	《晉書》卷21〈禮志下〉	
朱整			廣興侯〔註119〕			武帝時	《晉書》卷3〈武帝紀〉	
薛■		廣平臨水	汾陰侯	其子襲爵可知		武帝時	《漢魏南北朝墓誌彙編》	
薛■		廣平臨水	汾陰侯	襲父■爵		武帝時	《漢魏南北朝墓誌彙編》	
薛■		廣平臨水	陪陵侯	進爵		武帝時	《漢魏南北朝墓誌彙編》	
王聿	茂宣	太原晉陽	敏陽侯	襲母常山公主封		武帝時	《晉書》卷42〈王渾傳〉	
郭彰	叔武	太原	冠軍縣侯	賈后從舅		武帝時	《晉書》卷40〈賈充附郭彰傳〉	
馬隆	孝興	東平平陸	奉高縣侯			太熙初	《晉書》卷57〈馬隆傳〉	
石鑒	林伯	樂陵厭次	昌安縣侯	營武帝山陵訖進爵		永熙元年	《晉書》卷44〈石鑒傳〉	
裴該		河東聞喜	武昌侯	頠次子		元康元年	《晉書》卷35〈裴秀傳〉	
董猛			武安侯	參誅楊駿事		元康元年	《晉書》卷31〈惠賈皇后傳〉	猛三兄皆爲亭侯
李肇			縣侯	誅楊駿功	數千戶	元康元年	《晉書》卷47〈傅玄附咸傳〉	

〔註118〕《晉書・武帝紀》作安豐侯。

〔註119〕按《三國志・鍾會附王弼傳》云正始年間，何晏用賈充、裴秀、朱整等人，則朱整之名望並不減賈、裴；又朱整在泰始年間爲官品第三的尚書，亦符合魏末晉初以五品以上爲五等爵的條件。故疑朱整於魏末晉初即已封五等爵。

司馬越	元超	河內溫縣	五千戶侯	討楊駿有功	5000戶	元康元年	《晉書》卷59〈東海王越傳〉	
孟觀	叔時	渤海東光	縣侯	豫誅楊駿功	數千戶	元康元年	《晉書》卷47〈傅玄附咸傳〉	
何攀	惠興	蜀郡郫縣	西城侯〔註120〕	豫誅楊駿功	10000戶	元康元年	《晉書》卷45〈何攀傳〉	
裴楷	叔則	河東聞喜	臨海侯	貞正不阿附	2000戶	元康元年	《晉書》卷35〈裴秀傳〉	
傅敷	穎根	北地泥陽	清泉侯	襲父咸爵		元康四年	《晉書》卷47〈傅玄傳〉	
唐■		魯國鄒縣	上庸侯	襲父彬爵		元康四年	《晉書》卷42〈唐彬傳〉	
劉寔	子眞	平原高唐	循陽侯	進 封		元康初	《晉書》卷41〈劉寔傳〉	
司馬宗	延祚	河內溫縣	南頓縣侯			元康中	《晉書》卷59〈汝南王亮傳〉	
司馬質		河內溫縣	九門侯			永康元年	《晉書》卷4〈惠帝紀〉	趙王倫之黨羽
孫弼		樂安	開國郡侯	趙王倫起事		永康元年	《晉書》卷60〈孫旂傳〉	
孫輔			開國郡侯	趙王倫起事		永康元年	《晉書》卷60〈孫旂傳〉	
孫髦			開國郡侯	趙王倫起事		永康元年	《晉書》卷60〈孫旂傳〉	
孫琰			開國郡侯	趙王倫起事		永康元年	《晉書》卷60〈孫旂傳〉	
司馬詡		河內溫縣	霸城侯			永康元年	《晉書》卷59〈趙王倫傳〉	
孫惠	德施	吳國富陽	晉興侯〔註121〕	赴齊王冏義		永寧元年	《晉書》卷71〈孫惠傳〉	
劉頌	子雅	廣陵	梁鄒縣侯	追 封	1500戶	永寧元年	《晉書》卷46〈劉頌傳〉	
劉鄢			梁鄒縣侯	襲從祖頌爵	1500戶	永寧元年	《晉書》卷46〈劉頌傳〉	
李流	玄通	略陽臨渭	武陽侯	討趙廞功封		永寧元年	《晉書》卷120〈李流載記〉	
何璋		蜀郡郫縣	西城侯〔註122〕	襲父攀爵		永寧元年	《晉書》卷45〈何攀傳〉	

〔註120〕《華陽國志‧漢中志》、《華陽國志‧後賢志》作西城公。
〔註121〕《三國志‧孫賁附鄰傳》作晉興侯。
〔註122〕《華陽國志‧後賢志》作西城公。

盧志	子道	范陽涿縣	武強侯			永寧元年	《晉書》卷44〈盧欽傳〉、同書卷59〈成都王穎傳〉
司馬蕤	景回	河內溫縣	微陽侯	有罪貶		永寧元年	《晉書》卷38〈齊王攸傳〉
李毅	允剛	廣漢郪縣	成都縣侯	進　封		太安元年	《華陽國志》卷11〈後賢志〉、同書卷4〈南中志〉
張輿	公安	范陽方城	廣武侯	襲祖華爵		太安二年	《晉書》卷36〈張華傳〉
馬咸		東平平陸	奉高縣侯	襲父隆爵		太安二年	《晉書》卷57〈馬隆傳〉
王■		琅邪臨沂	安豐侯	襲從父戎爵		永興二年	《晉書》卷43〈王戎傳〉
王承	安期	太原晉陽	藍田縣侯	預迎大駕功封		光熙元年	《晉書》卷42〈王湛附承傳〉
劉琨	越石	中山魏昌	廣武侯	奉迎大駕於長安	2000戶	光熙元年	《晉書》卷62〈劉琨傳〉
王廣	世將	琅邪臨沂	武陵縣侯	豫迎大駕		光熙元年	《晉書》卷76〈王異傳〉
賈混	宮奇	河東襄陵	永平侯			惠帝時	《晉書》卷40〈賈充傳〉
王俊		琅邪臨沂	永世侯			惠帝時	《晉書》卷33〈王祥傳〉
王恢		東萊曲城	東武侯	襲祖基爵		惠帝時	《北堂書鈔》卷48〈封爵部下・尊賢繼絕封〉引《晉起居注》
裴興	祖明	河東聞喜	臨海侯	襲父楷爵		惠帝時	《晉書》卷35〈裴秀傳〉
劉輿	慶孫	中山魏昌	定襄侯	以功封		惠帝時	《晉書》卷62〈劉琨附輿傳〉
衛操	德元	代郡	定襄侯	東嬴公騰表之		惠帝末	《魏書》卷23〈衛操傳〉
衛雄	世遠	代郡	雲中侯	北魏桓帝表授		惠帝末	《魏書》卷23〈衛操傳〉
姬澹	世雅	代郡	樓煩侯	北魏桓帝表授		惠帝末	《魏書》卷23〈衛操傳〉
苟晞	道將	河內山陽	東平郡侯	軍　功	10000戶	永嘉元年	《晉書》卷61〈苟晞傳〉
周玘	宣佩	義興陽羨	烏程縣侯	三定江南		永嘉四年	《晉書》卷58〈周處傳〉
劉演	始仁	中山魏昌	定襄侯	襲父輿爵		永嘉四年	《晉書》卷62〈劉琨傳〉

張軌	士彥	安定烏氏	霸城侯	貢獻方物		永嘉四年	《晉書》卷86〈張軌傳〉	
周札	宣季	義興陽羨	東遷縣侯	錄前後功進爵		永嘉五年	《晉書》卷58〈周處傳〉	
王導	茂弘	琅邪臨沂	武岡侯	討華軼功進爵		永嘉六年	《晉書》卷65〈王導傳〉	
王衍	夷甫	琅邪臨沂	武陵侯〔註123〕	辭封不受		永嘉中	《晉書》卷43〈王戎附衍傳〉	
李矩	世迴	平陽	陽武縣侯	擊退石勒		永嘉中	《晉書》卷63〈李矩傳〉	
戴淵	若思	廣陵	秣陵侯	討賊有功		永嘉中	《晉書》卷69〈戴若思傳〉	
張寔	安遜	安定烏氏	福祿縣侯	進爵		永嘉中	《晉書》卷86〈張軌傳〉	
陶侃	士行	廬江尋陽	柴桑侯	以功進封	4000戶	建興三年	《晉書》卷66〈陶侃傳〉	
王敦	處仲	琅邪臨沂	漢安侯	平杜曾功封〔註124〕		建興三年	《晉書》卷98〈王敦傳〉	
張駿	公庭	安定烏氏	霸城侯	襲祖軌舊爵		建興四年	《晉書》卷86〈張軌傳〉	
紀瞻	思遠	丹楊秣陵	臨湘縣侯	論討陳敏功封		建興中	《晉書》卷68〈紀瞻傳〉	
甘卓	季思	丹楊	于湖侯	進爵		西晉末	《晉書》卷70〈甘卓傳〉	
■■			襄邑侯			西晉	《北堂書鈔》卷100〈藝文部·歎賞〉「文豔春蘭」條引傅咸〈襄邑侯誄〉	
陳■	世範	潁川許昌	江安侯			西晉	漢魏南北朝墓誌彙編16	
杜乂	弘理	京兆杜陵	當陽縣侯〔註125〕	襲父錫爵		西晉	《晉書》卷34〈杜預傳〉	
周顗	伯仁	汝南安成	成武侯〔註126〕	襲父浚爵		西晉	《晉書》卷61〈周浚傳〉	
李贊		上黨銅鞮	祁侯	襲父喜爵		西晉	《晉書》卷41〈李喜傳〉	
侯史玄			臨海侯	襲父光爵		西晉	《晉書》卷45〈侯史光傳〉	

〔註123〕《三國志·崔林傳》裴注引《王氏譜》云王衍為武陵侯。
〔註124〕固讓所封戶及絹之半。
〔註125〕《晉書·杜乂傳》作當陽侯。
〔註126〕《晉書·元帝紀》、《晉書·周顗傳》作武成侯。

侯史施			臨海侯	襲父玄爵		西晉	《晉書》卷45〈侯史光傳〉	
荀畯		潁川潁陰	濟北侯	襲父輯爵		西晉	《晉書》卷39〈荀勖傳〉	
荀識		潁川潁陰	濟北侯	襲伯父畯爵		西晉	《晉書》卷39〈荀勖傳〉	
任罕	子倫		昌國縣侯	襲父愷爵		西晉	《晉書》卷45〈任愷傳〉	
劉輿	慶孫	中山魏昌	定襄侯			西晉	《晉書》卷62〈劉琨傳〉	
武輔		沛國竹邑	薛縣侯	襲父陔爵		西晉	《晉書》卷45〈武陔傳〉	
薛齊		河東汾陰	鄢陵侯			西晉	《新唐書》卷73下〈宰相世系表三下〉	
薛懿	元伯	河東汾陰	鄢陵侯	襲父齊爵		西晉	《新唐書》卷73下〈宰相世系表三下〉	
武越		沛國竹邑	薛侯	襲父陔爵		西晉	《新唐書》卷74上〈宰相世系表四上〉	
武鋪		沛國竹邑	薛侯	襲父越爵		西晉	《新唐書》卷74上〈宰相世系表四上〉	
齊琰		高陽	武邑侯			晉〔註127〕	《新唐書》卷75下〈宰相世系表五下〉	
郭鎮		太原陽曲	昌平侯			晉〔註128〕	《新唐書》卷74上〈宰相世系表四上〉	
李卓		隴西成紀	長寧侯			晉〔註129〕	《晉書》卷87〈涼武昭王李玄盛傳〉	
韋敦		京兆杜縣	上祿侯			晉〔註130〕	〈新出土的四方韋氏墓志考釋〉	

十、伯

人名	字	本籍	爵位	得爵原因	食邑	得爵年	出處	備註
鄭袤	林叔	滎陽開封	密陵伯	五等初建		咸熙元年	《晉書》卷44〈鄭袤傳〉	
和逌		汝南西平	上蔡伯			咸熙元年	《晉書》卷45〈和嶠傳〉	

〔註127〕未知為西晉或東晉之爵。
〔註128〕未知為西晉或東晉之爵。
〔註129〕未知為西晉或東晉之爵。
〔註130〕未知為西晉或東晉之爵。

李胤	宣伯	遼東襄平	廣陸伯	伐蜀有功		咸熙元年	《晉書》卷44〈李胤傳〉	
魯芝	世英	扶風郿縣	陰平伯	五等建		咸熙元年	《晉書》卷90〈魯芝傳〉	
華表	偉容	平原高唐	觀陽伯	五等建		咸熙元年	《晉書》卷44〈華表傳〉	
司馬遂	子伯	河內溫縣	祝阿伯	五等建		咸熙元年	《晉書》卷37〈濟南惠王遂傳〉	
司馬幹	子良	河內溫縣	定陶伯	五等建		咸熙元年	《晉書》卷38〈平原王榦傳〉	
司馬由	子將	河內溫縣	南皮伯	五等初建		咸熙元年	《晉書》卷38〈琅邪王由傳〉	
司馬亮	子翼	河內溫縣	祁陽伯	五等建		咸熙元年	《晉書》卷59〈汝南王亮傳〉	
山濤	巨源	河內懷縣	新沓伯	武帝受禪進爵		泰始元年	《晉書》卷43〈山濤傳〉	
和嶠	長輿	汝南西平	上蔡伯	襲父逌爵		咸寧中	《晉書》卷45〈和嶠傳〉	
山該	伯倫	河內懷縣	新沓伯	襲父濤爵		太康四年	《晉書》卷43〈山濤傳〉	
華廙	長駿	平原高唐	觀陽伯	襲父表爵		太康初	《晉書》卷44〈華表傳〉	因罪久方襲爵
顧榮	彥先	吳郡吳縣	嘉興伯	討葛旟功封		太安元年	《晉書》卷68〈顧榮傳〉	
劉淵	元海	新興匈奴	盧奴伯	成都王穎輔政		永興元年	《晉書》卷101〈劉元海載記〉、《魏書》卷95〈匈奴劉聰附淵傳〉	
周馥	祖宣	汝南安成	永寧伯	討陳敏功		永嘉元年	《晉書》卷61〈周浚傳〉	
顧毗		吳郡吳縣	嘉興伯	襲父榮爵		永嘉六年	《晉書》卷68〈顧榮傳〉	
索隱	巨秀	安樂亭侯	弋居伯	首迎愍帝大駕		建興元年	《晉書》卷60〈索靖傳〉	
劉芬	含元	沛國	蕭成伯			西晉	《漢魏南北朝墓誌彙編》	疑「成」為諡號
和濟		汝南西平	上蔡伯	襲伯父嶠爵		西晉	《晉書》卷45〈和嶠傳〉	
祝偃		始平	始平縣伯	平關中兵寇		西晉末	《新唐書》卷75上〈宰相世系表五上〉	
王遜	邵伯	魏興	襄中伯			西晉末	《華陽國志》卷4〈南中志〉	

十一、子

人名	字	本籍	爵　位	得爵原因	食邑	得爵年	出　　處	備　註
郭正		太原陽曲	汾陽子	開建五等，以淮著勳前朝改封		咸熙元年	《三國志》卷26〈魏書‧郭淮傳〉	
孫宏		太原中都	離石子	開建五等，以父資著勳前朝改封		咸熙元年	《三國志》卷14〈魏書‧劉放附孫資傳〉	
高渾		陳留圉縣	昌陸子	開建五等，以柔著勳前朝改封		咸熙元年	《三國志》卷24〈魏書‧高柔傳〉	
王悝		東郡廩丘	膠東子	開建五等，以觀著勳前朝改封		咸熙元年	《三國志》卷24〈魏書‧王觀傳〉	
劉正		涿郡方城	方城子	開建五等，以父放著勳前朝改封		咸熙元年	《三國志》卷14〈魏書‧劉放傳〉	
蔣凱		楚國平阿	下蔡子	開建五等，以祖濟著勳前朝改封		咸熙元年	《三國志》卷14〈魏書‧蔣濟傳〉	
傅祇	子莊	北地泥陽	涇原子	開建五等，以父嘏著勳前朝改封		咸熙元年	《三國志》卷21〈魏書‧傅嘏傳〉	
陳溫		潁川許昌	慎　子	開建五等，以泰著勳前朝改封		咸熙元年	《三國志》卷22〈魏書‧陳群附泰傳〉	
荀愷		潁川潁陰	南頓子	開建五等改封		咸熙元年	《三國志》卷10〈魏書‧荀彧傳〉	
王恂	良大	東海	承　子	以祖肅著勳前朝改封		咸熙元年	《三國志》卷13〈魏書‧王朗傳〉	
山濤	巨源	河內懷縣	新沓子			咸熙元年	《晉書》卷43〈山濤傳〉	
司馬瑰	子泉	河內溫縣	固始子			咸熙元年	《晉書》卷37〈安平獻王孚傳〉	
司馬珪	子璋	河內溫縣	洧陽子			咸熙元年	《晉書》卷37〈安平獻王孚傳〉	
司馬衡	子平	河內溫縣	汝陽子			咸熙元年	《晉書》卷37〈安平獻王孚傳〉	
司馬肜	子徽	河內溫縣	開平子	五等建		咸熙元年	《晉書》卷38〈梁王肜傳〉	

司馬倫		河內溫縣	東安子	五等建		咸熙元年	《晉書》卷59〈趙王倫傳〉	
羊祜	叔子	泰山南城	鉅平子	五等建	600戶	咸熙元年	《晉書》卷34〈羊祜傳〉	
王覽	玄通	琅邪臨沂	即丘子	五等建	600戶	咸熙元年	《晉書》卷33〈王祥附覽傳〉	
王裁		琅邪臨沂	即丘子	襲父覽爵		咸寧四年	《晉書》卷65〈王導傳〉	
胡奮	玄威	安定臨涇	夏陽子			咸熙元年	《晉書》卷57〈胡奮傳〉	
劉寔	子真	平原高唐	循陽子〔註131〕			咸熙元年	《晉書》卷41〈劉寔傳〉	
魏舒	陽元	任城樊縣	劇陽子			咸熙元年	《晉書》卷41〈魏舒傳〉	
荀勖	公曾	潁川潁陰	安陽子	武帝即晉王位	1000戶	咸熙二年	《晉書》卷39〈荀勖傳〉	
傅玄	休奕	北地泥陽	鶉觚子	武帝踐阼		泰始元年	《晉書》卷47〈傅玄傳〉	
石鑒	林伯	樂陵厭次	堂陽子	武帝受禪		泰始元年	《晉書》卷44〈石鑒傳〉	
卞粹	玄仁	濟陰冤句	成陽子	不阿楊駿		元康初	《晉書》卷70〈卞壼傳〉	
嵇紹	延祖	譙郡	弋陽子	不比阿凶族封		永康元年	《晉書》卷89〈嵇紹傳〉	
王導	茂弘	琅邪臨沂	即丘子	襲祖覽爵		西晉	《晉書》卷65〈王導傳〉	
魏融		任城樊縣	劇陽子	襲祖舒爵		西晉	《晉書》卷41〈魏舒傳〉	
魏晃		任城樊縣	劇陽子	襲從祖舒爵		西晉	《晉書》卷41〈魏舒傳〉	
盧珽	子笏	范陽涿縣	廣燕子			西晉	《新唐書》卷73上〈宰相世系表三上〉	
庾鯈	玄默	潁川鄢陵	陽翟子			西晉	《三國志》卷11〈魏書·管寧附胡昭傳〉裴注引《庾氏譜》	

〔註131〕〈西晉辟雍碑〉作脩陽子。

十二、男

人名	字	本籍	爵　位	得爵原因	食邑	得爵年	出　　處	備　註
司馬洪	孔業	河內溫縣	襄賁男			咸熙元年	《晉書》卷37〈安平獻王孚附洪傳〉	
司馬晃	子明	河內溫縣	西安男			咸熙元年	《晉書》卷37〈安平獻王孚傳〉	
司馬遜	子悌	河內溫縣	涇陽男	五等建		咸熙元年	《晉書》卷37〈譙剛王遜傳〉	
江蕤		陳留圉縣	亢父男			咸熙元年	《晉書》卷56〈江統傳〉	
傅玄	休奕	北地泥陽	鶉觚男	五等建		咸熙元年	《晉書》卷47〈傅玄傳〉	
鄭烈	休林	滎陽開封	平莞男	五等初建		咸熙元年	《隸續》卷4〈晉右軍將軍鄭烈碑〉	泰始初年賜子一人關中侯
郭弈	大業	太原陽曲	平陵男	武帝踐阼		泰始元年	《晉書》卷45〈郭弈傳〉	
劉喬	仲彥	南陽安眾	安眾男	豫誅賈謐		永康元年	《晉書》卷61〈劉喬傳〉	
胡毋輔之	彥國	泰山奉高	陰平男	豫討齊王冏		太安元年	《晉書》卷49〈胡毋輔之傳〉	
荀組	大章	潁川潁陰	成陽縣男			永興元年	《晉書》卷39〈荀勖傳〉	
袁奧	公榮	陳郡扶樂	新蔡男			西　晉	《北堂書鈔》卷56〈設官部·太中大夫〉「袁奧從卿列」條引《晉錄》、《三國志》卷11〈袁渙傳〉裴注引《袁氏世紀》	
庾峴	子琚	潁川鄢陵	長岑男			西　晉	《晉書》卷50〈庾峻傳〉	
劉欽		城陽黔陬	菅丘男			西　晉	《漢魏南北朝墓誌彙編》	
江祚		陳留圉縣	亢父男	襲父蕤爵		西　晉	《晉書》卷56〈江統傳〉	
江統	應元	陳留圉縣	亢父男	襲父祚爵		西　晉	《晉書》卷56〈江統傳〉	

曹魏西晉時期封地分佈圖

1. 曹魏黃初初年（西元 220-222 年）司州封地分佈圖

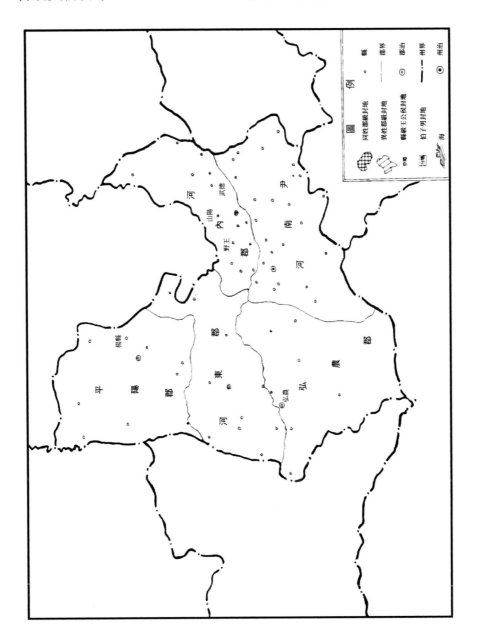

2. 曹魏黃初初年兗州、豫州、揚州封地分布圖

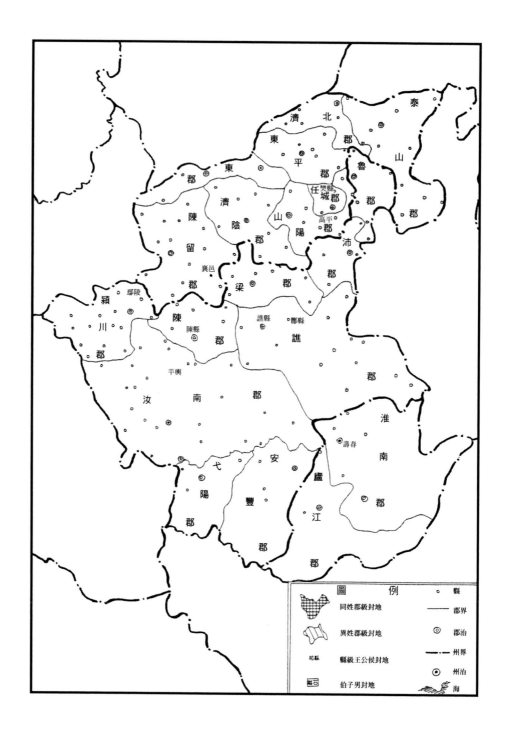

3. 曹魏黃初初年青州、徐州封地分布圖

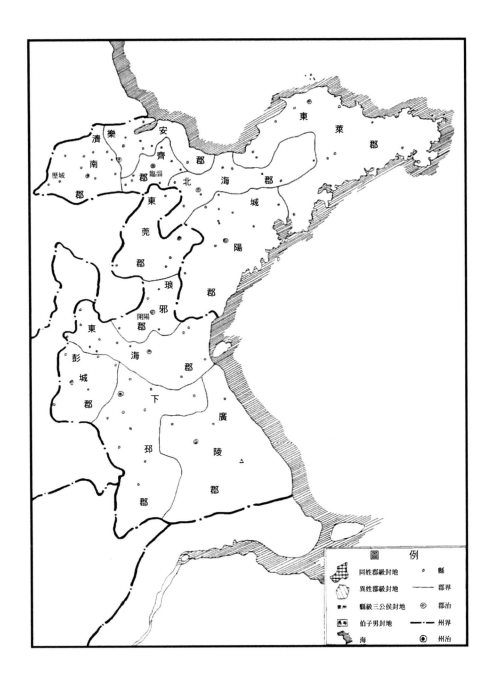

4. 曹魏黃初初年冀州、并州封地分佈圖

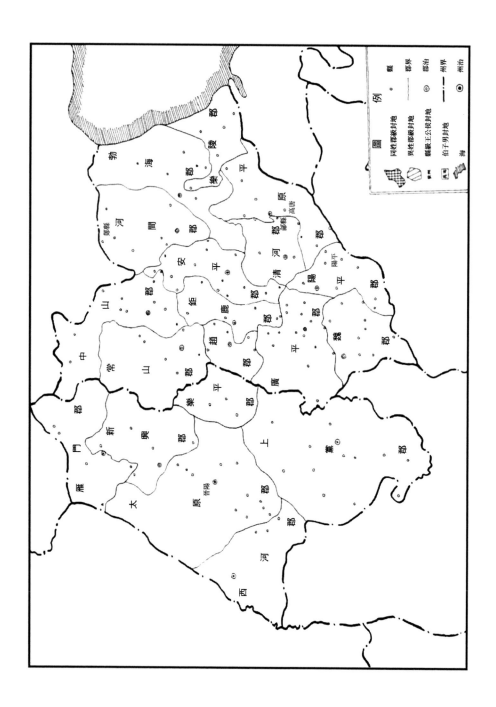

5. 曹魏黃初初年幽州封地分佈圖

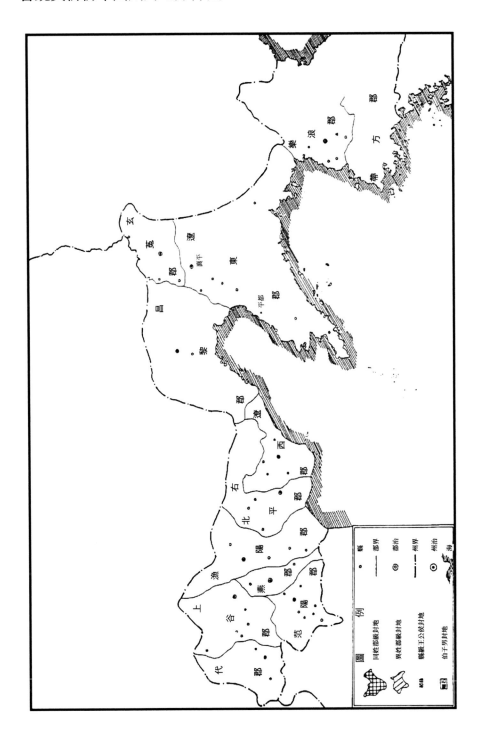

6. 曹魏黃初初年雍州封地分佈圖

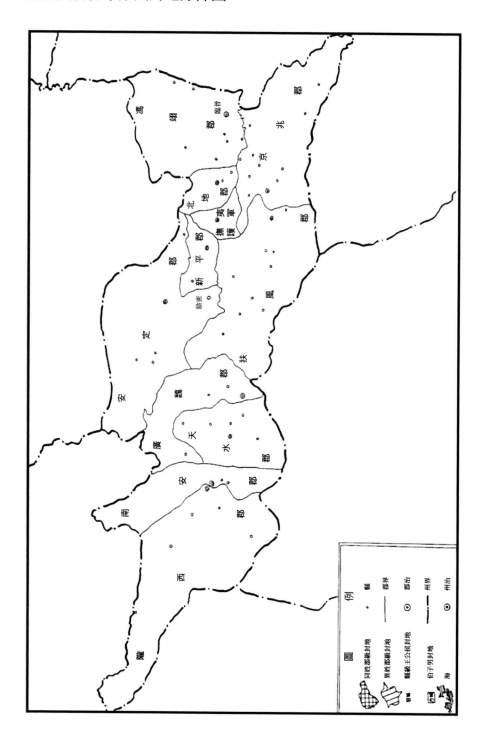

7. 曹魏黃初初年涼州封地分佈圖

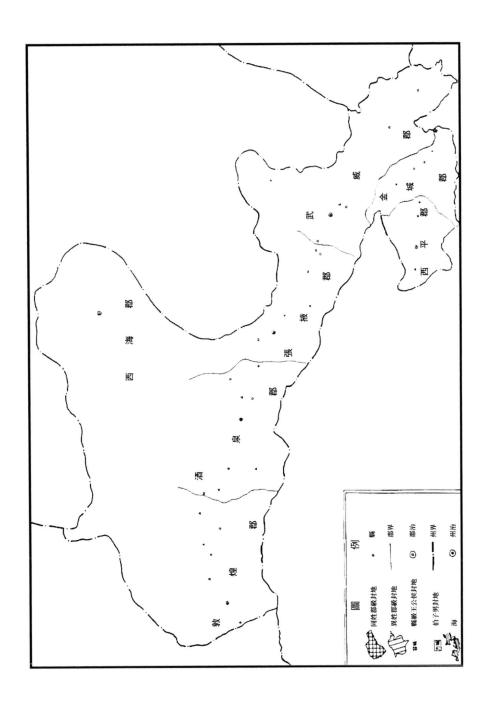

8. 曹魏黃初初年荊州封地分佈圖

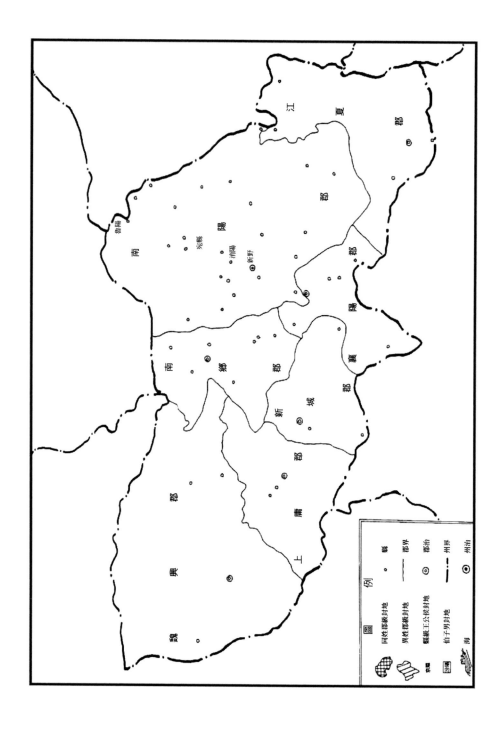

9. 曹魏黃初初年（蜀漢）益州北部封地分佈圖

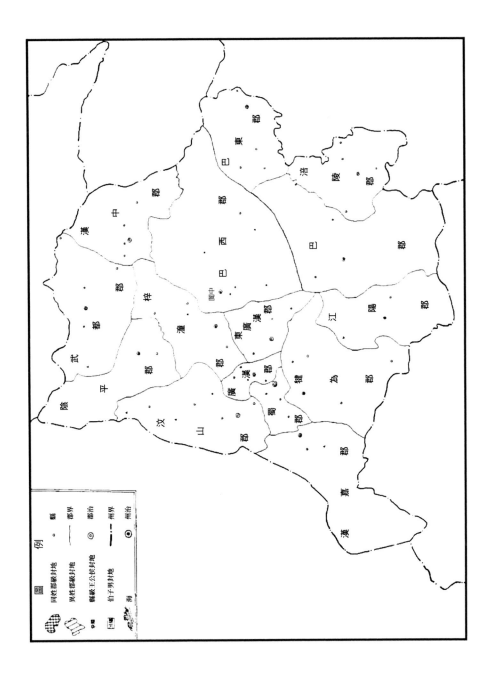

10. 曹魏黃初初年（孫吳）揚州封地分佈圖

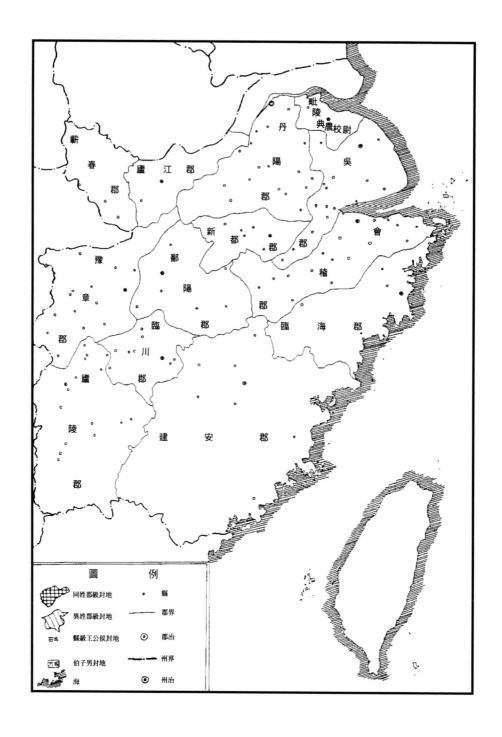

11. 曹魏黃初初年（孫吳）荊州封地分佈圖

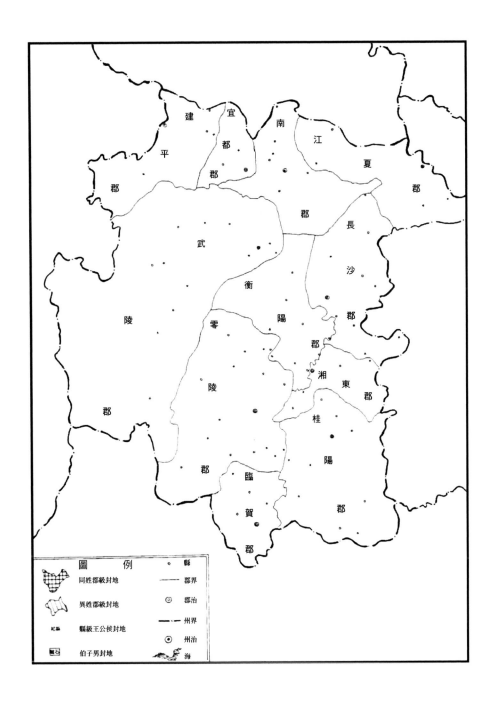

12. 曹魏甘露三年（西元 258 年）司州封地分佈圖

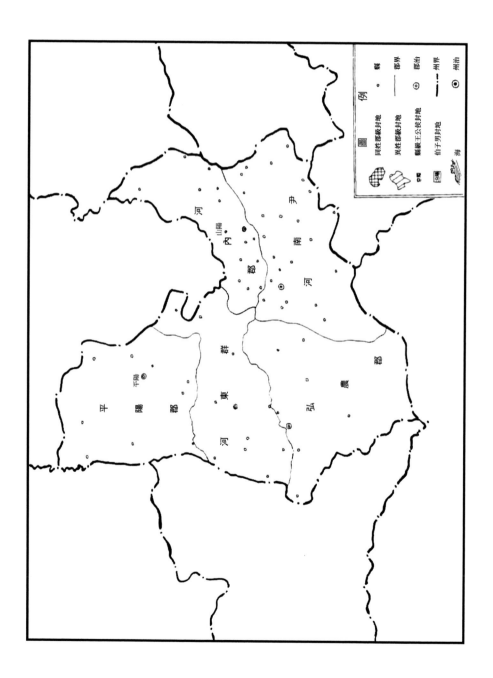

13. 曹魏甘露三年兗州、豫州、揚州封地分佈圖

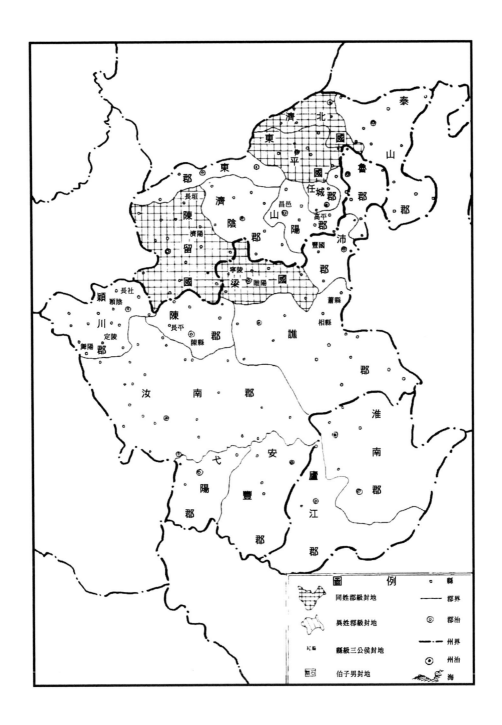

14. 曹魏甘露三年青州、徐州封地分佈圖

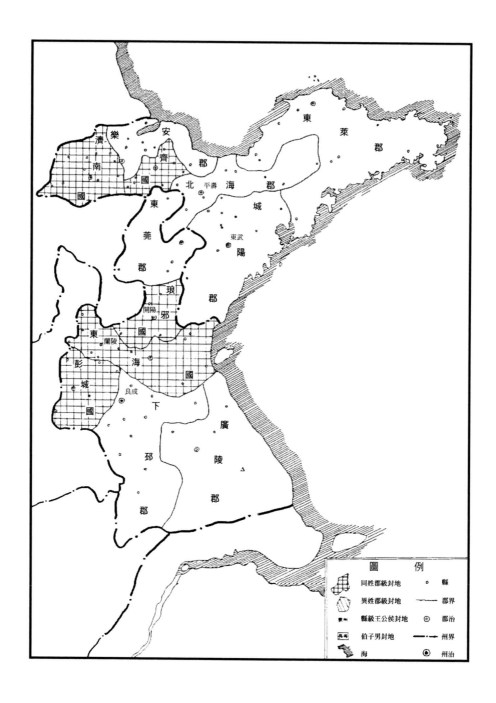

15. 曹魏甘露三年冀州、并州封地分佈圖

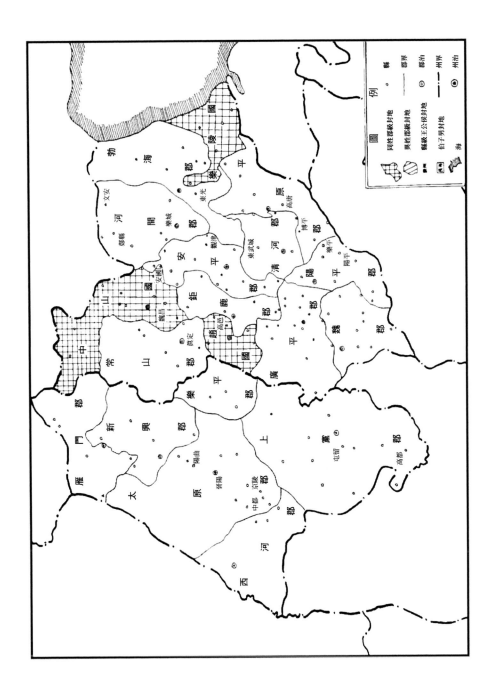

16. 曹魏甘露三年幽州封地分佈圖

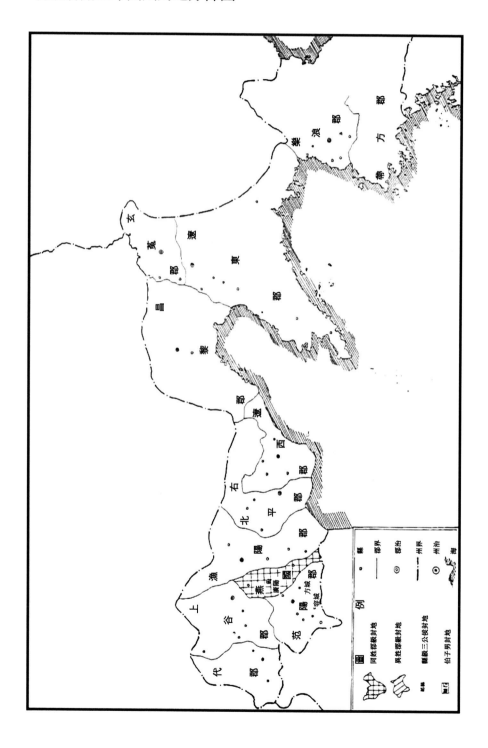

17. 曹魏甘露三年雍州封地分佈圖

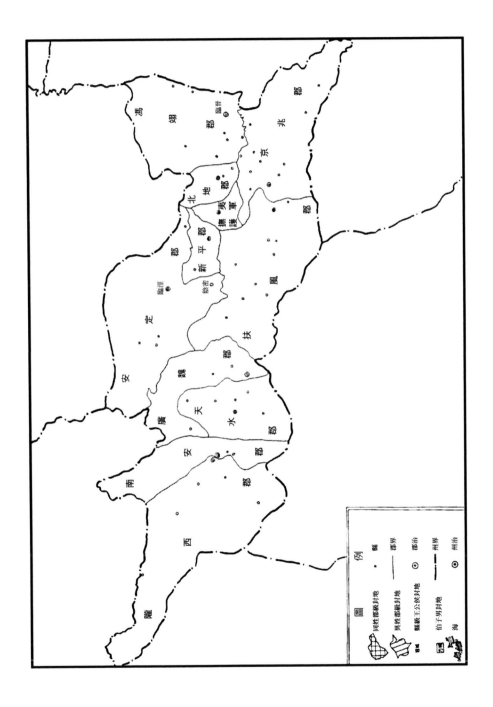

18. 曹魏甘露三年涼州封地分佈圖

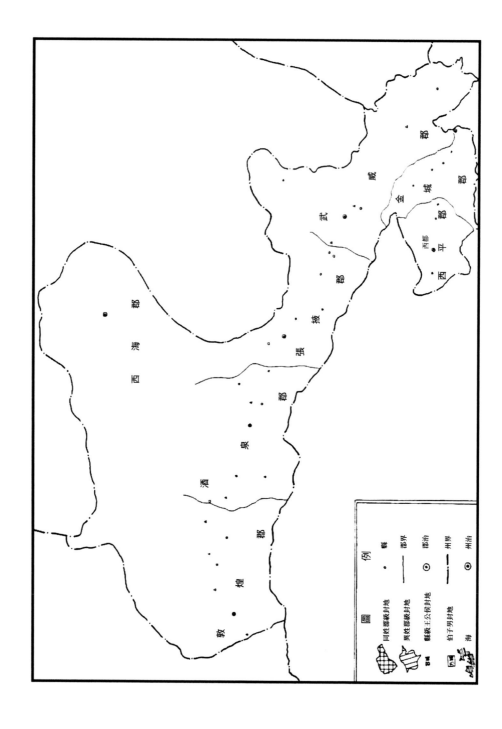

19. 曹魏甘露三年荊州封地分佈圖

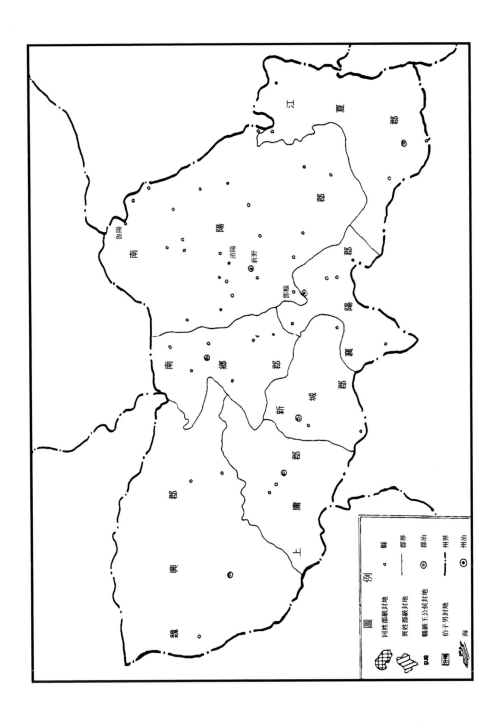

20. 曹魏甘露三年（蜀漢）益州北部封地分佈圖

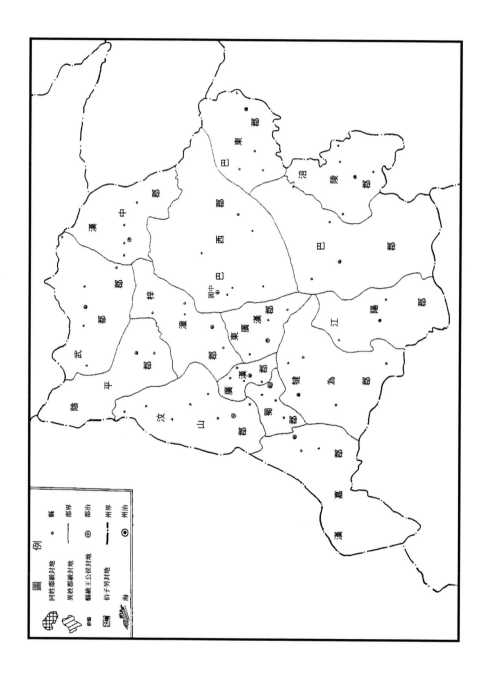

21. 曹魏甘露三年（孫吳）揚州封地分佈圖

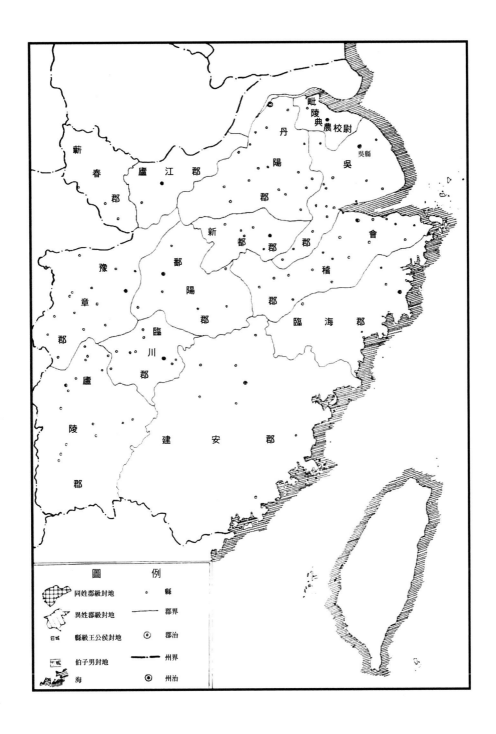

22. 曹魏甘露三年（孫吳）荊州封地分佈圖

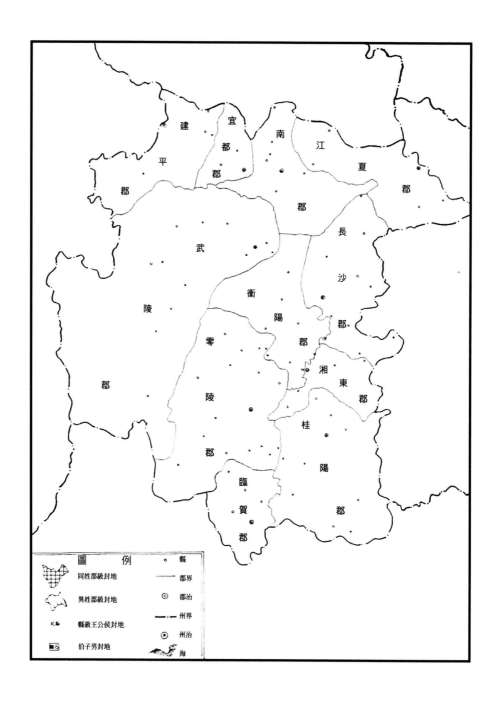

23. 曹魏咸熙元年（西元 264 年）司州封地分佈圖

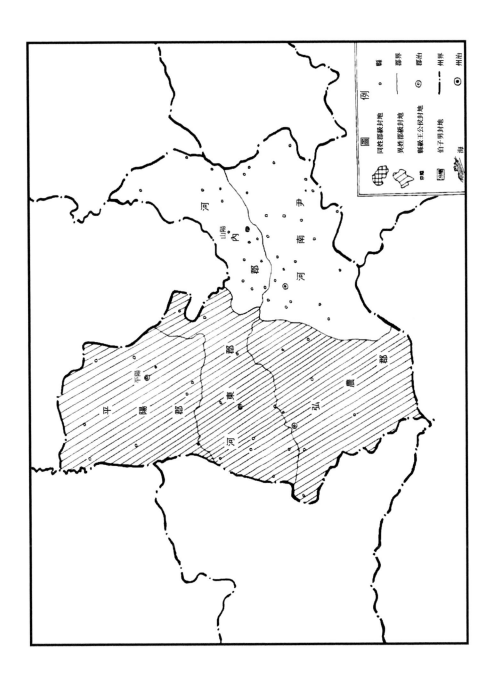

24. 曹魏咸熙元年兗州、豫州、揚州封地分佈圖

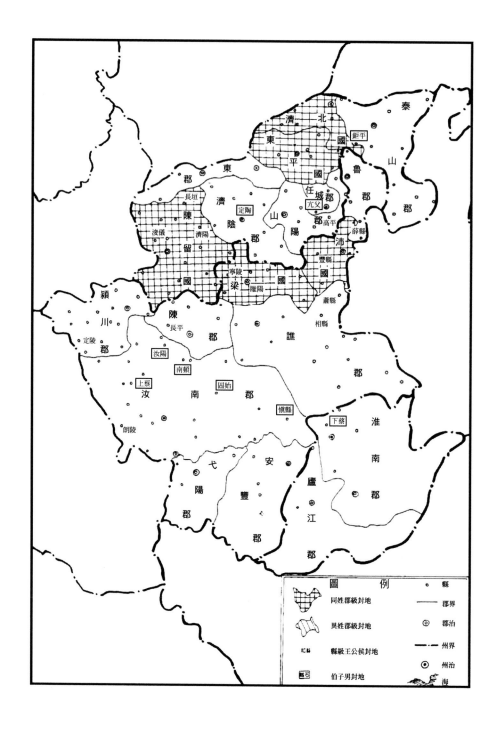

25. 曹魏咸熙元年青州、徐州封地分佈圖

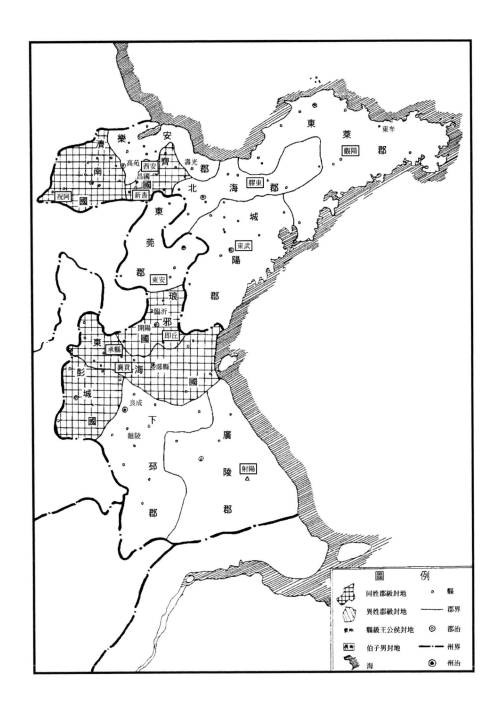

26. 曹魏咸熙元年冀州、并州封地分佈圖

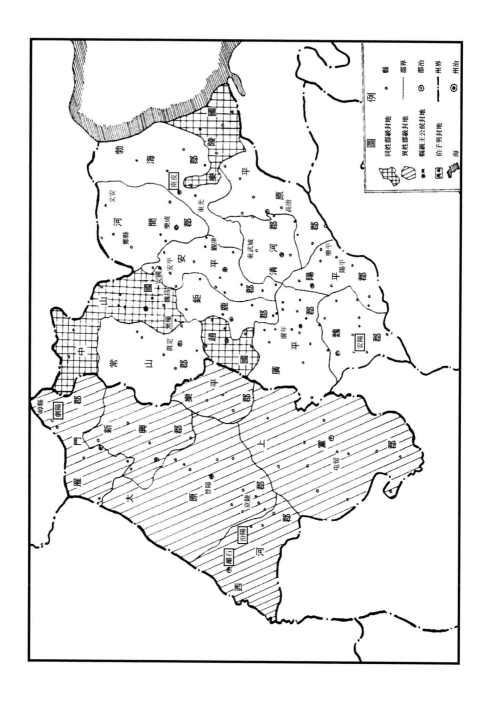

27. 曹魏咸熙元年幽州封地分佈圖

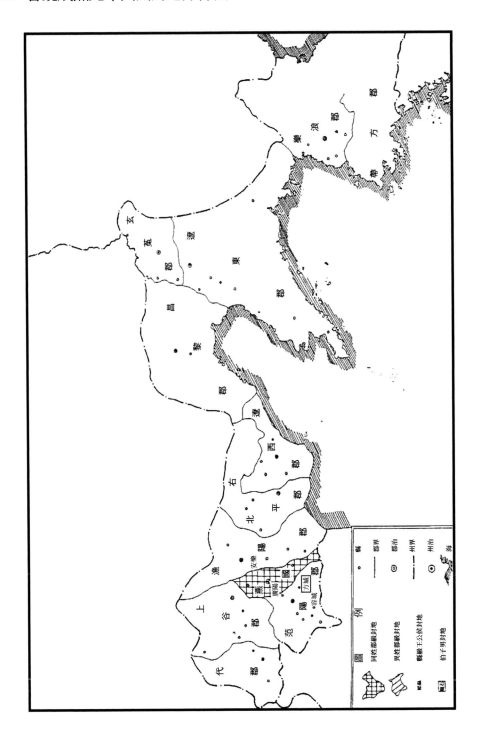

28. 曹魏咸熙元年雍州封地分佈圖

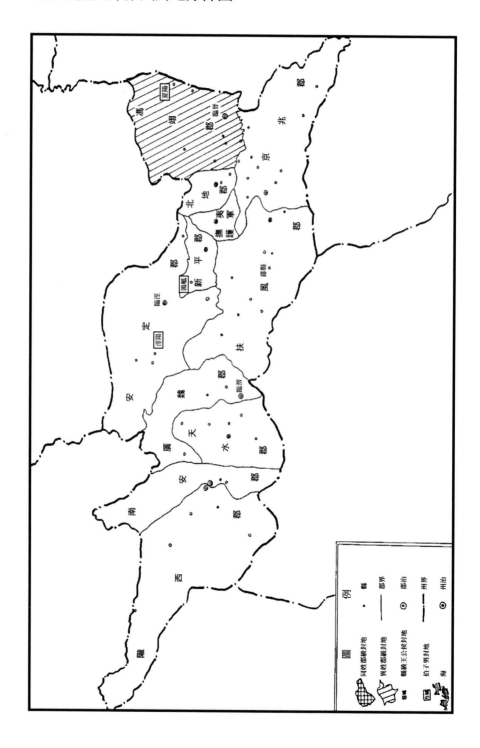

29. 曹魏咸熙元年涼州封地分佈圖

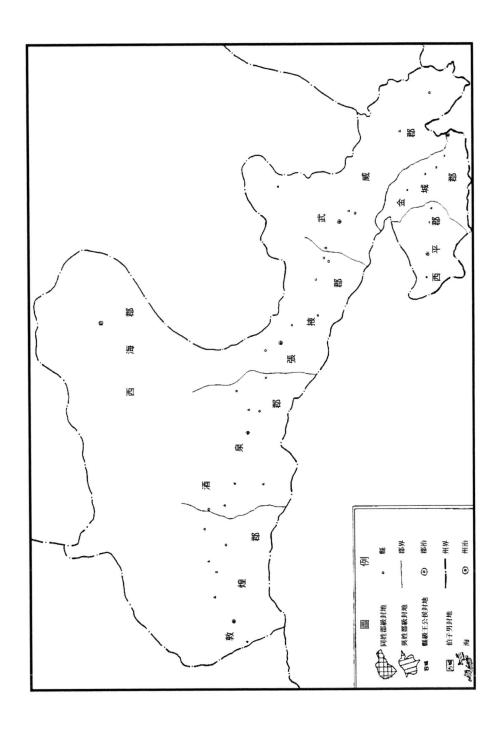

30. 曹魏咸熙元年荊州封地分佈圖

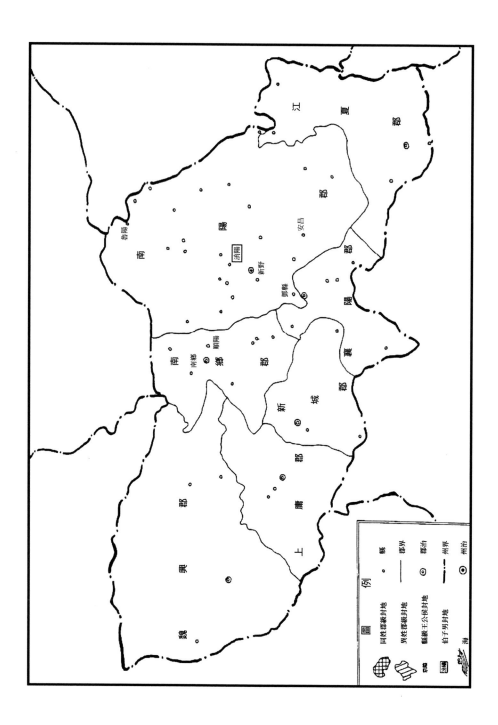

31. 曹魏咸熙元年益州北部封地分佈圖

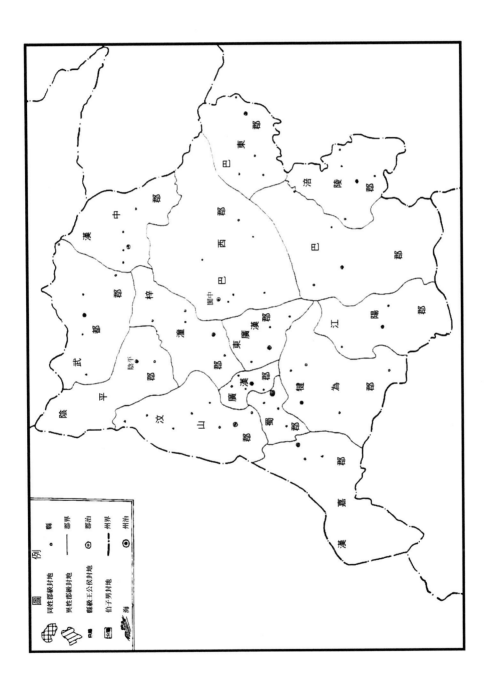

32. 曹魏咸熙元年（孫吳）揚州封地分佈圖

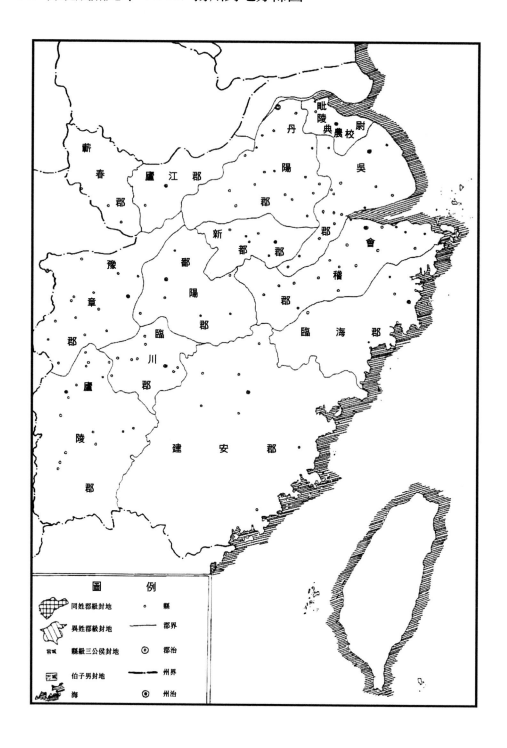

33. 曹魏咸熙元年（孫吳）荊州封地分佈圖

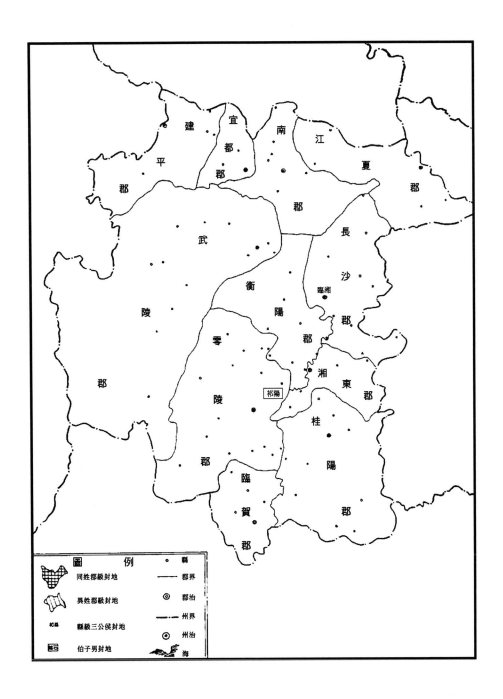

34. 西晉泰始年間（西元 265-274 年）司州封地分佈圖

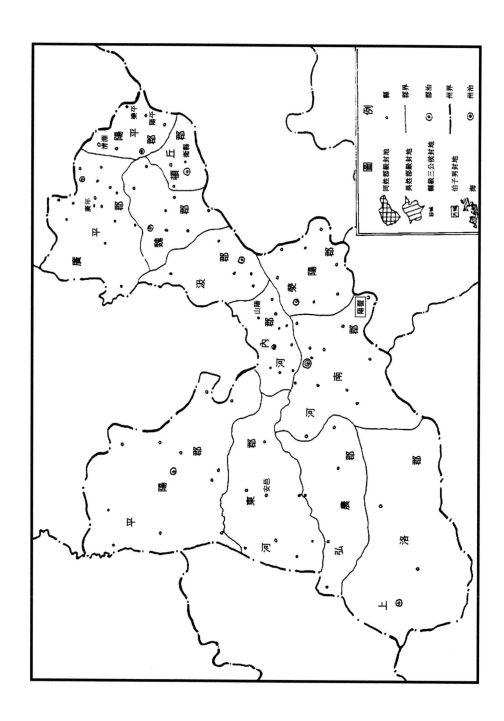

35. 西晉泰始年間兗州、豫州封地分佈圖

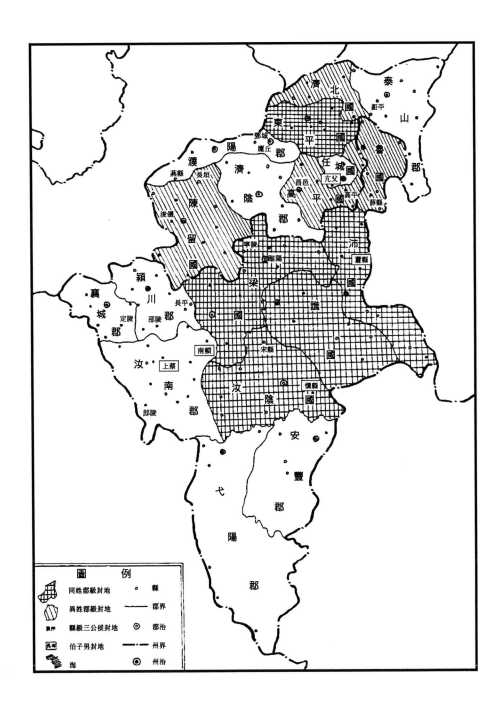

36. 西晉泰始年間冀州、并州封地分佈圖

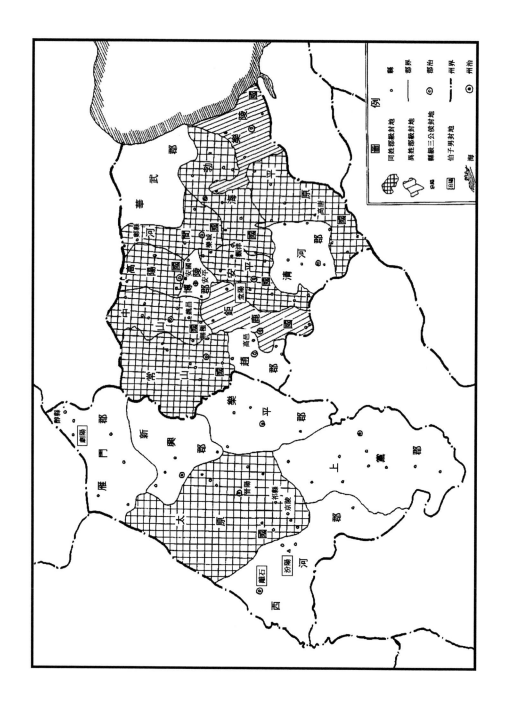

37. 西晉泰始年間幽州、平州封地分佈圖

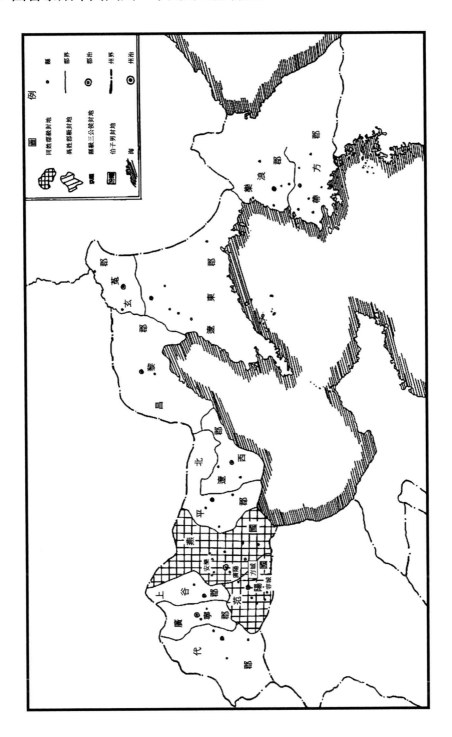

38. 西晉泰始年間雍州、秦州封地分佈圖

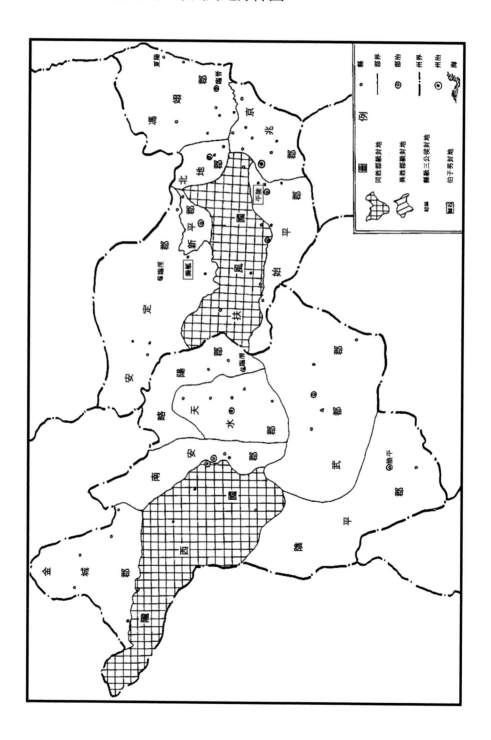

39. 西晉泰始年間涼州封地分佈圖

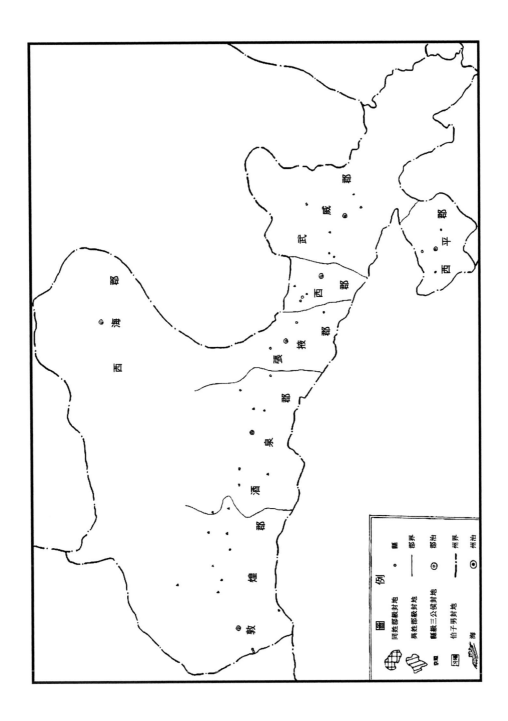

40. 西晉泰始年間梁州、益州封地分佈圖

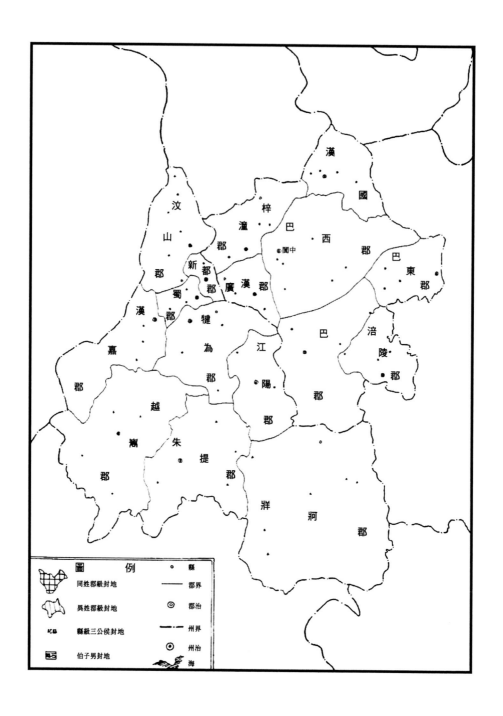

41. 西晉泰始年間青州、徐州封地分佈圖

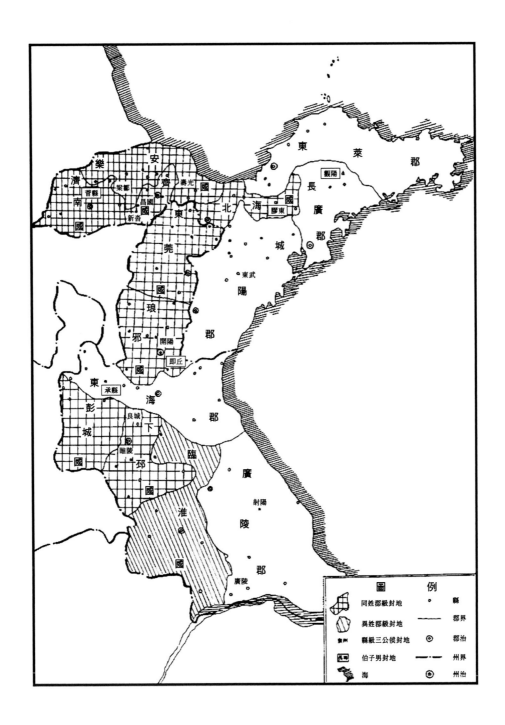

42. 西晉泰始年間荊州封地分佈圖

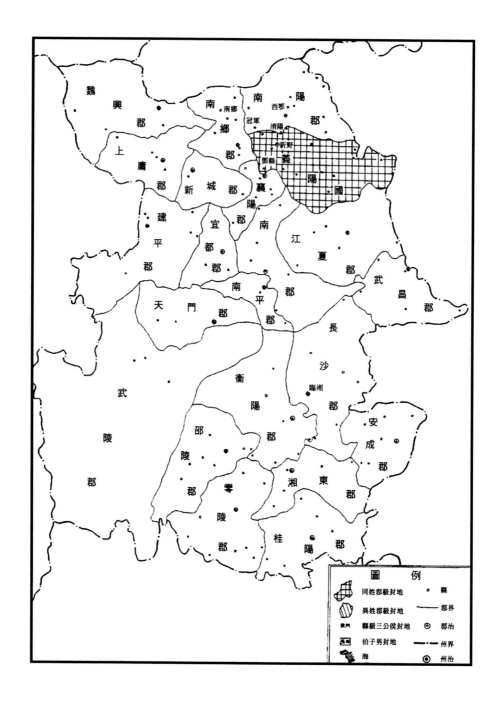

43. 西晉泰始年間揚州封地分佈圖

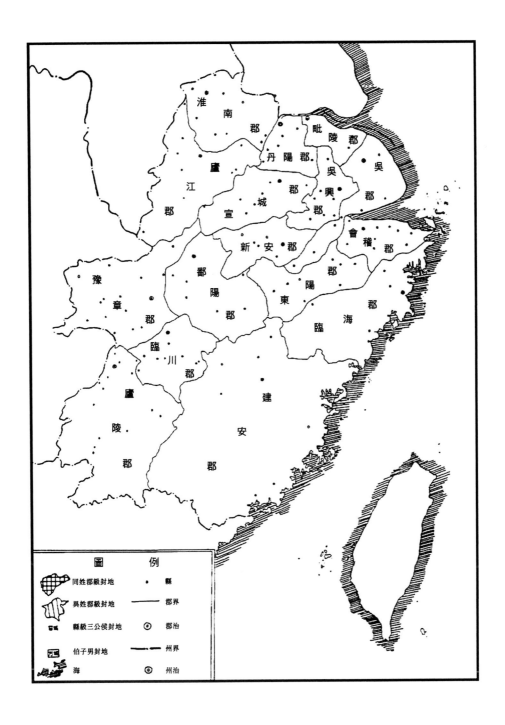

圖　　例

同姓郡級封地　　　　・ 縣

異姓郡級封地　　　　── 郡界

縣級三公侯封地　　　◎ 郡治

伯子男封地　　　　　── 州界

海　　　　　　　　　◎ 州治

44. 西晉太康年間（西元 280-289 年）司州封地分佈圖

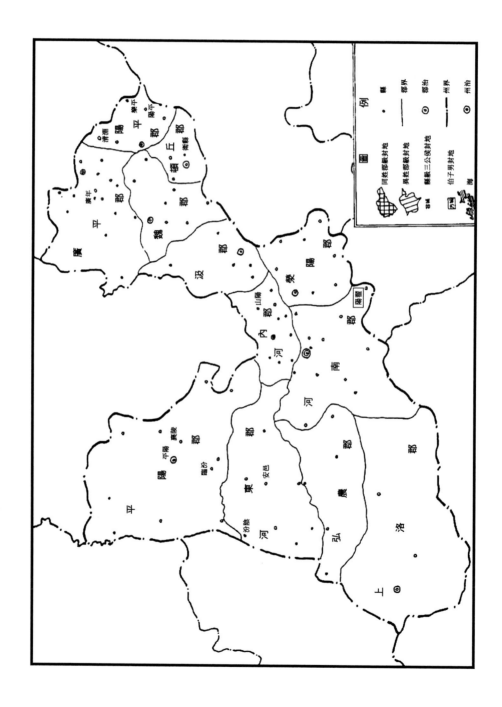

45. 西晉太康年間兗州、豫州封地分佈圖

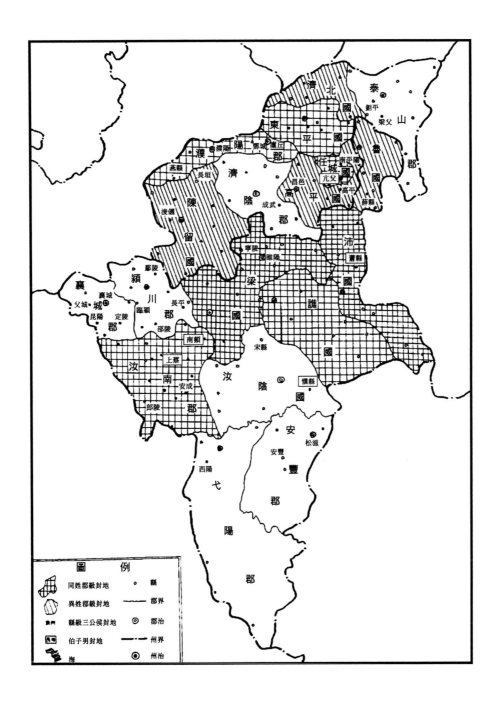

46. 西晉太康年間冀州、并州封地分佈圖

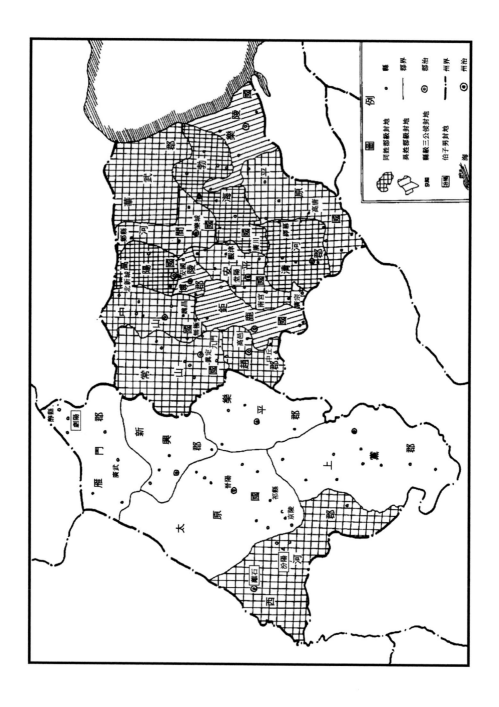

47. 西晉太康年間幽州、平州封地分佈圖

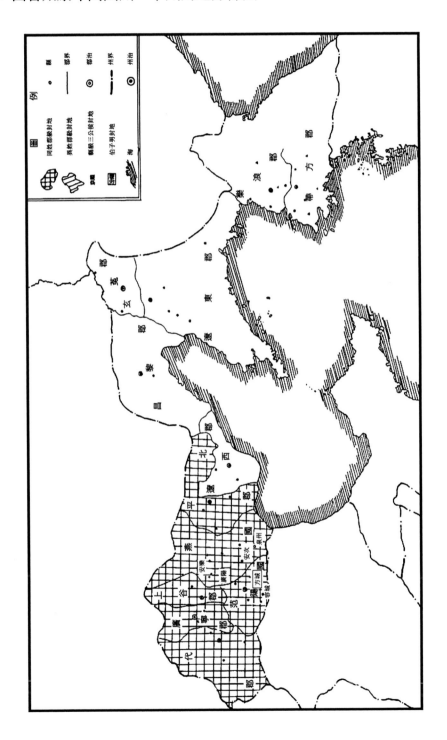

48. 西晉太康年間雍州、秦州封地分佈圖

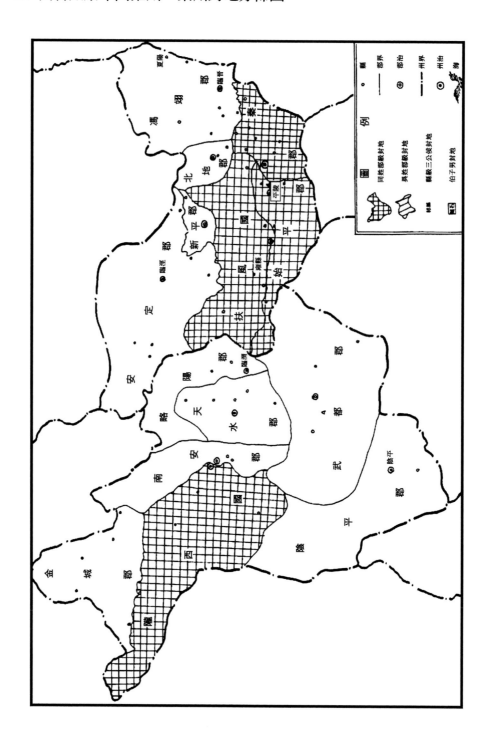

49. 西晉太康年間涼州封地分佈圖

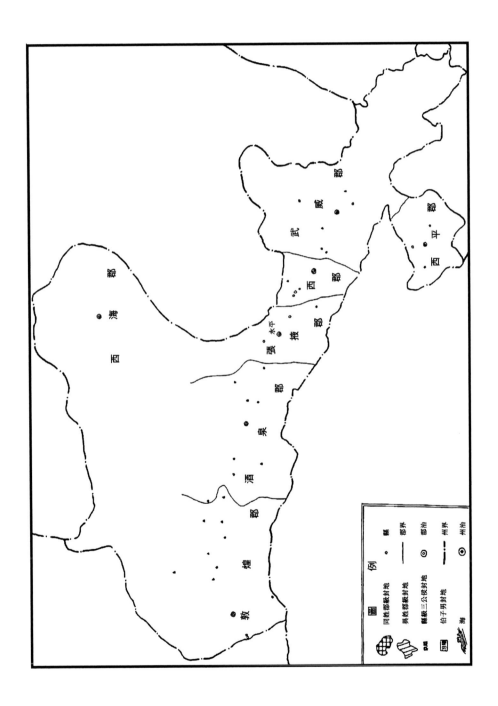

50. 西晉太康年間梁州、益州封地分佈圖

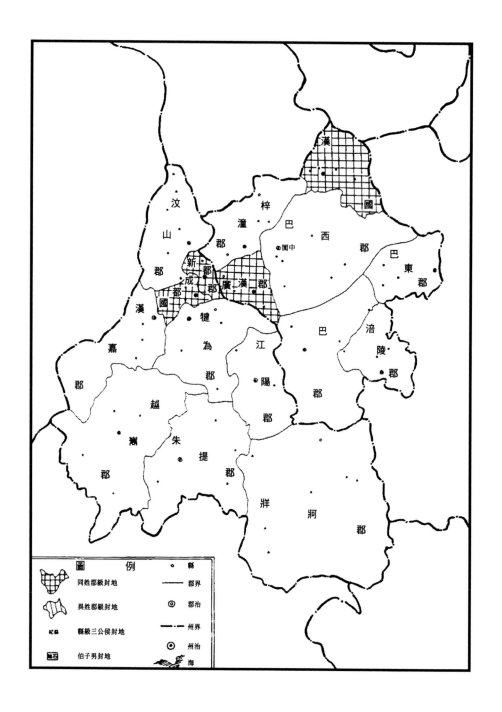

51. 西晉太康年間青州、徐州封地分佈圖

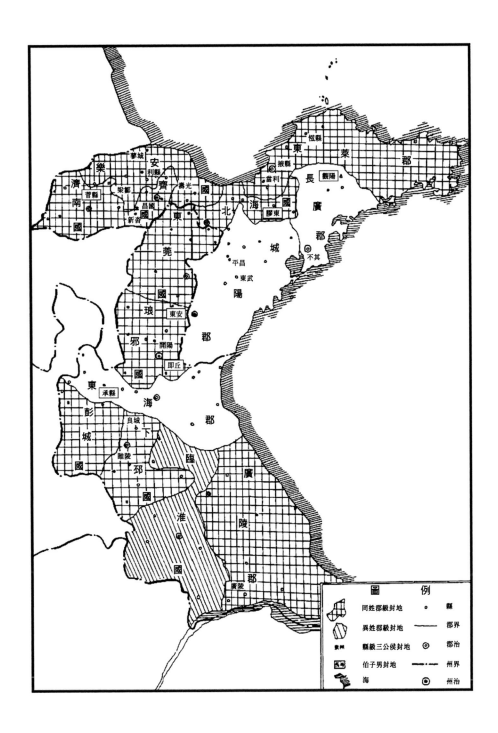

52. 西晉太康年間荊州封地分佈圖

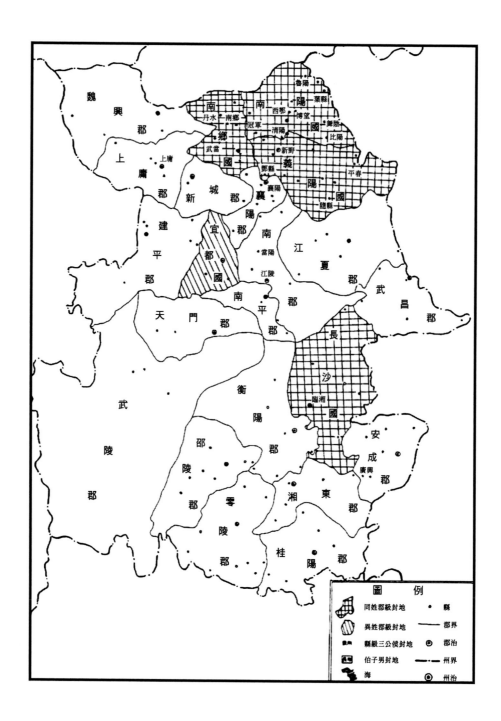

53. 西晉太康年間揚州封地分佈圖

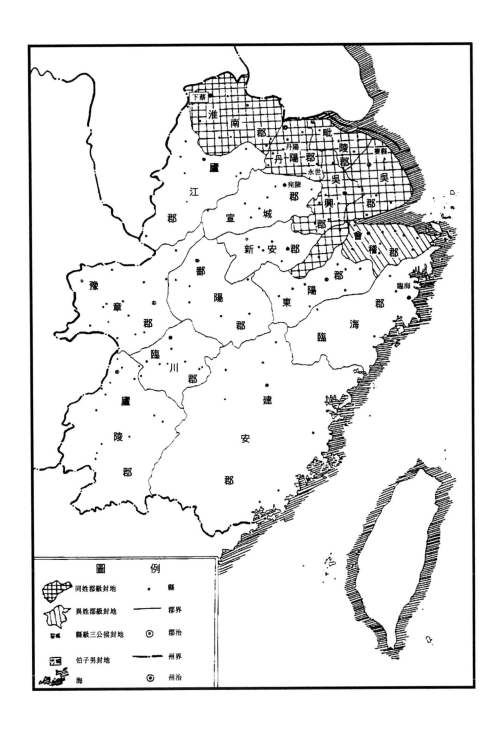

54. 西晉永康元年至建興四年間（西元 299-316 年）司州封地分佈圖

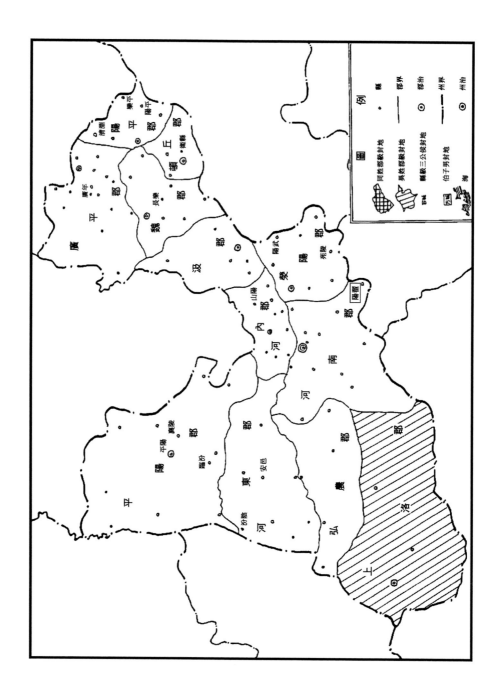

55. 西晉永康元年至建興四年兗州、豫州封地分佈圖

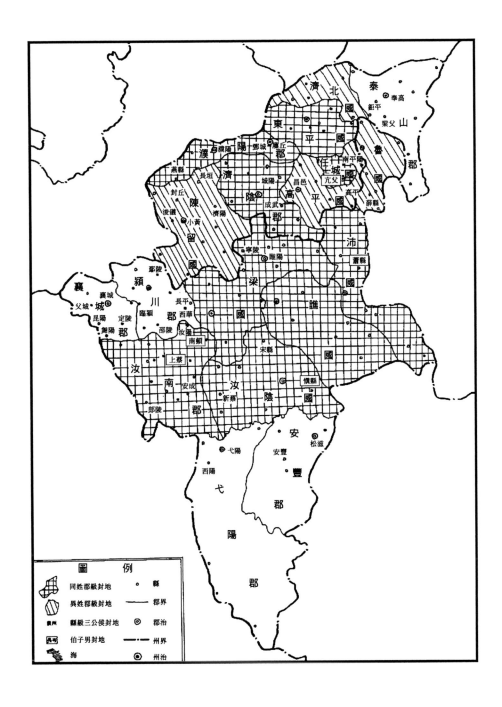

56. 西晉永康元年至建興四年冀州、并州封地分佈圖

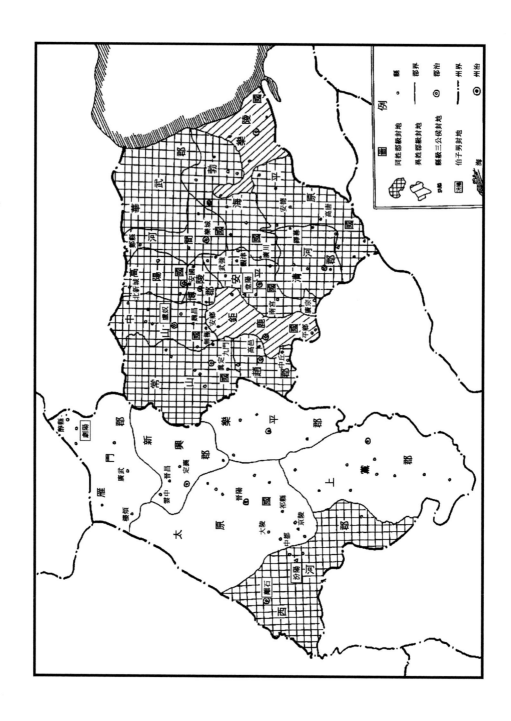

57. 西晉永康元年至建興四年幽州、平州封地分佈圖

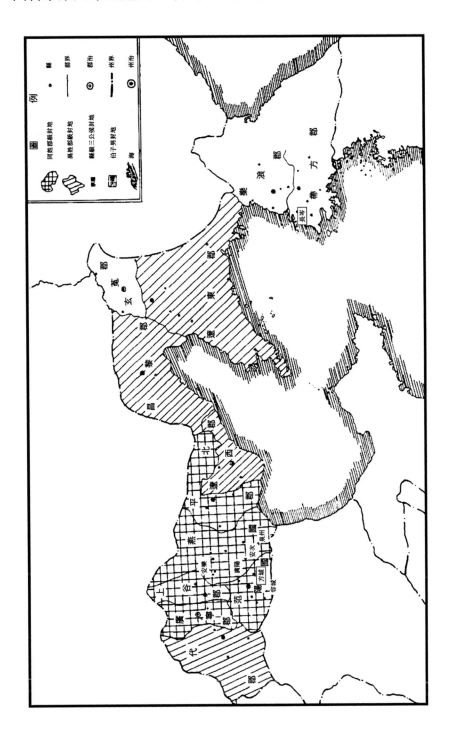

58. 西晉永康元年至建興四年雍州、秦州封地分佈圖

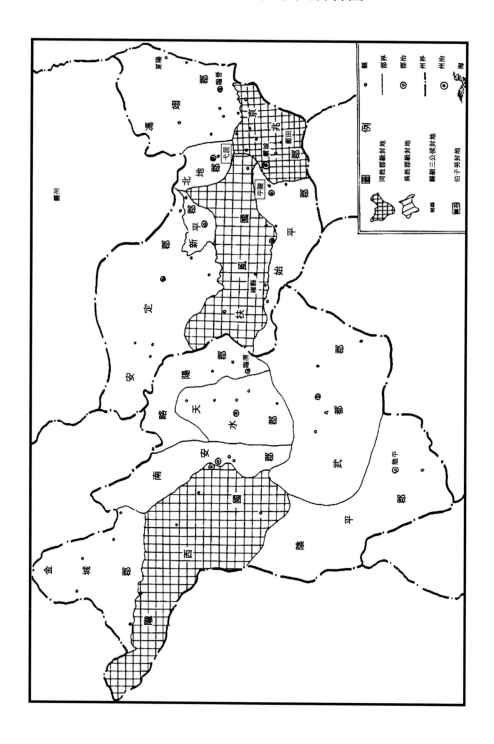

59. 西晉永康元年至建興四年涼州封地分佈圖

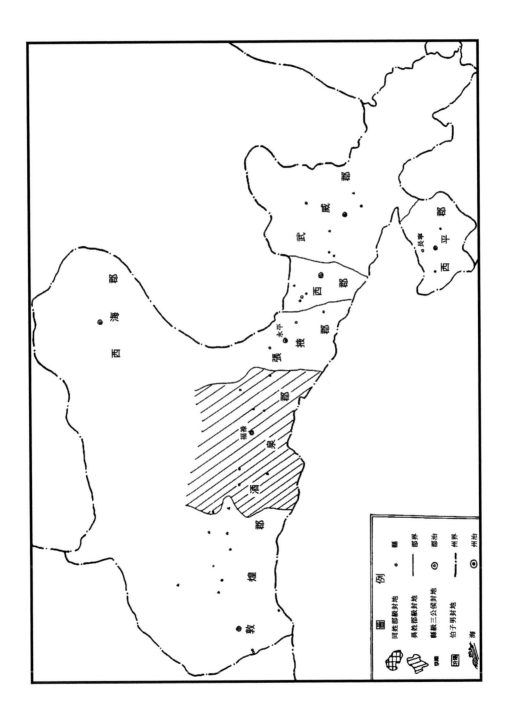

60. 西晉永康元年至建興四年梁州、益州封地分佈圖

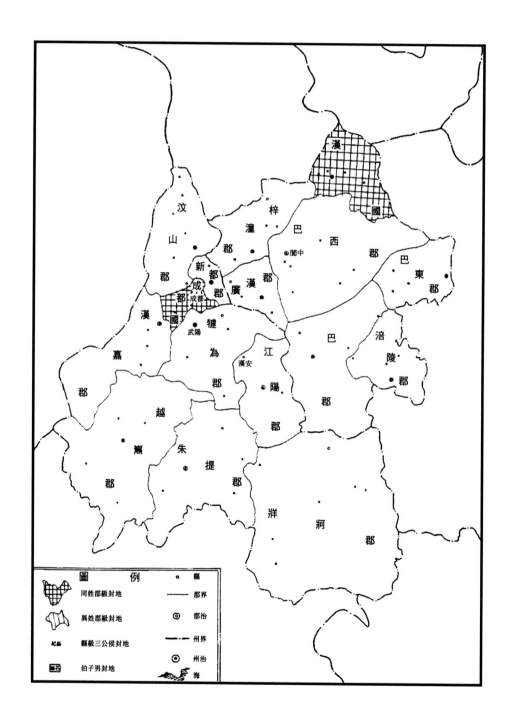

61. 西晉永康元年至建興四年青州、徐州封地分佈圖

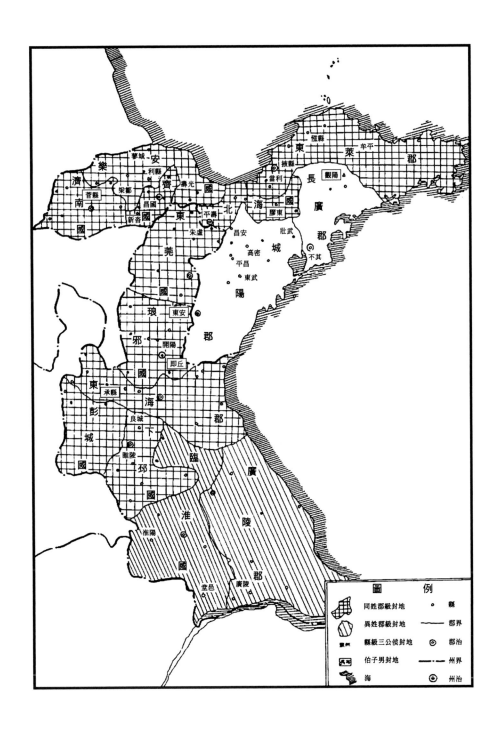

62. 西晉永康元年至建興四年荊州封地分佈圖

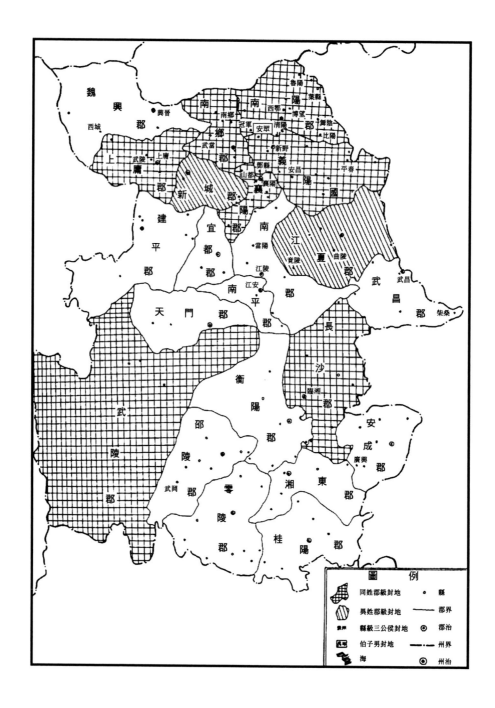

63. 西晉永康元年至建興四年揚州封地分佈圖

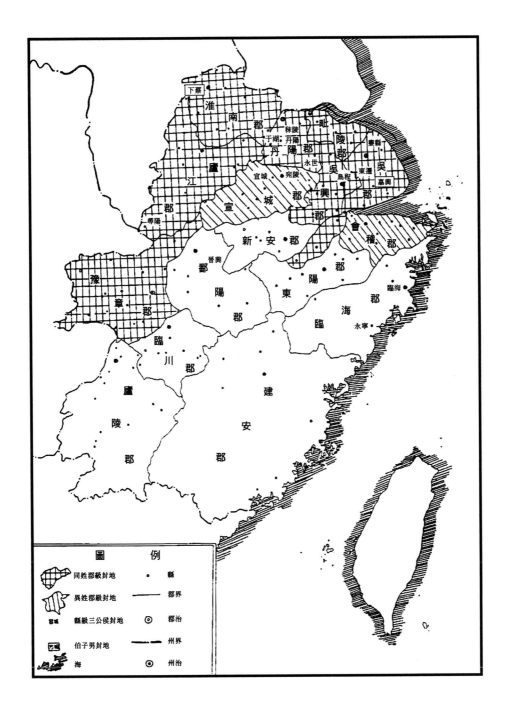

64. 曹魏黃初初年（西元 220-222 年）縣級封地分佈全圖

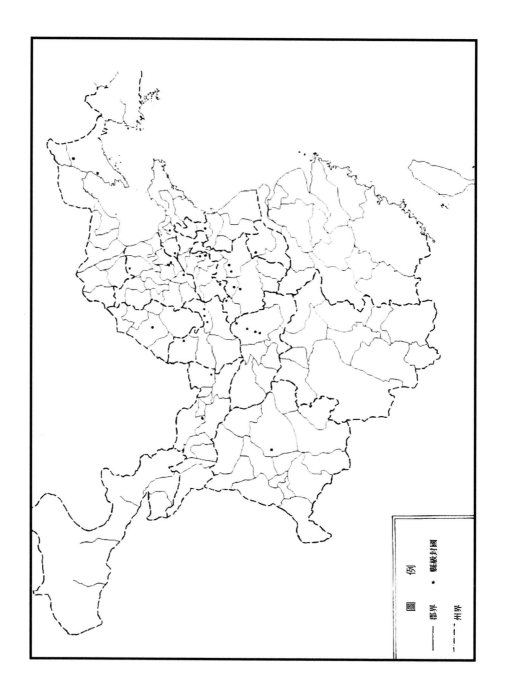

65. 曹魏甘露三年（西元 258 年）縣級封地分佈全圖

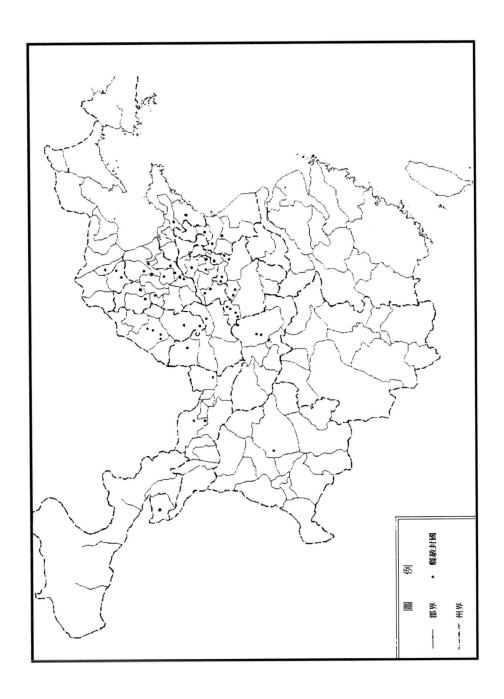

圖　例

縣級封國　·

郡界　——

州界　——·——

66. 曹魏咸熙元年（西元 264 年）縣級封地分佈全圖

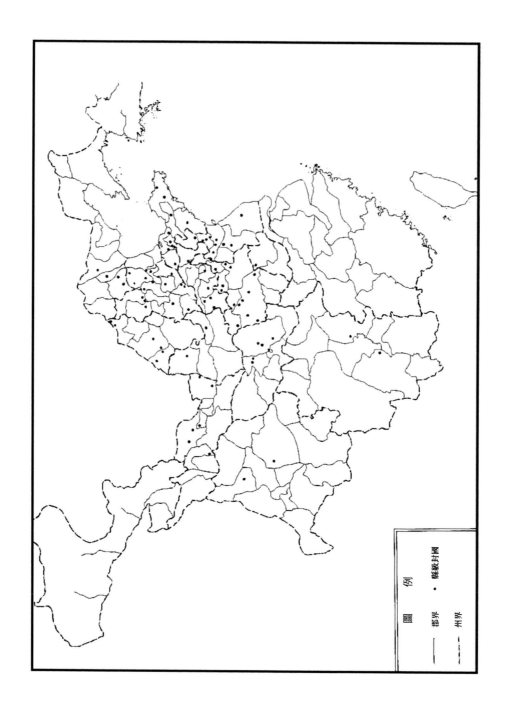

67. 西晉泰始年間（西元 265-274 年）縣級封地分佈全圖

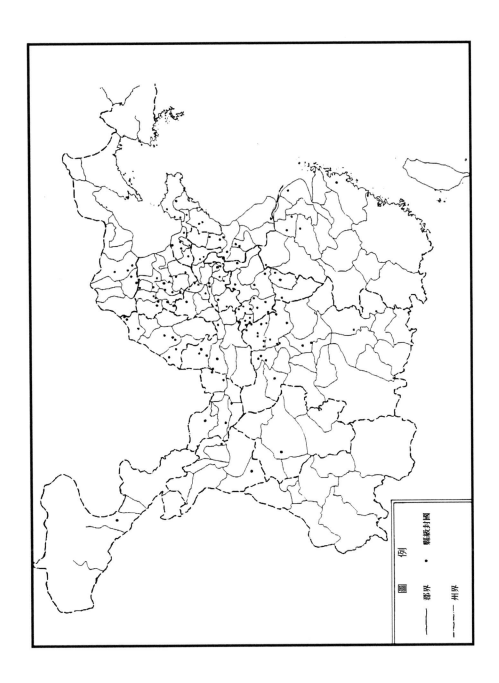

68. 西晉太康年間（西元 280-289 年）縣級封地分佈全圖

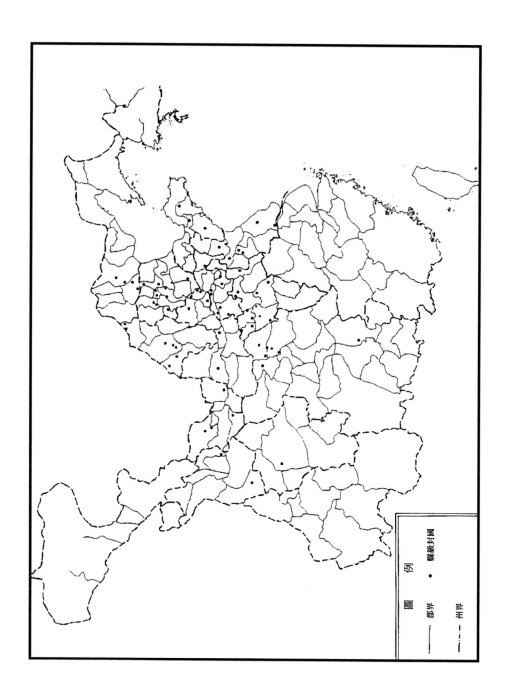

69. 西晉永康元年至建興四年（西元 299-316 年）縣級封地分佈全圖

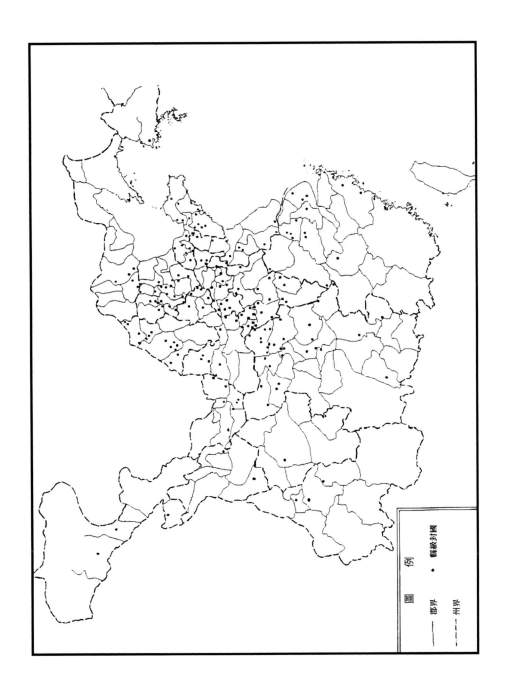

70. 曹魏黃初初年（西元 220-222 年）郡級封地分佈全圖

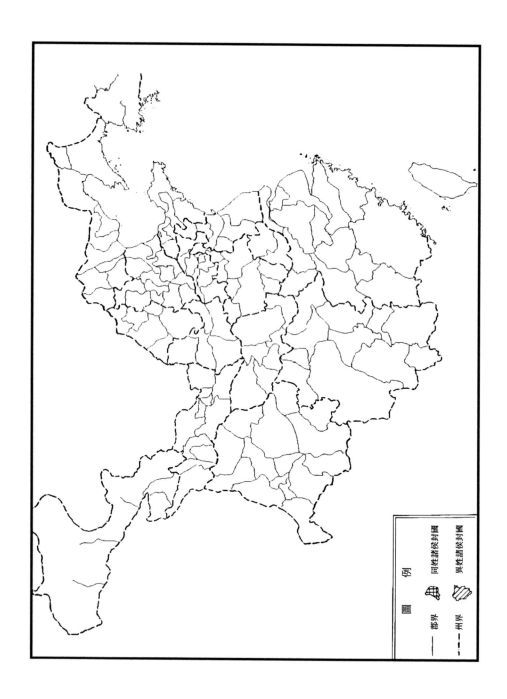

71. 曹魏甘露三年（西元 258 年）郡級封地分佈全圖

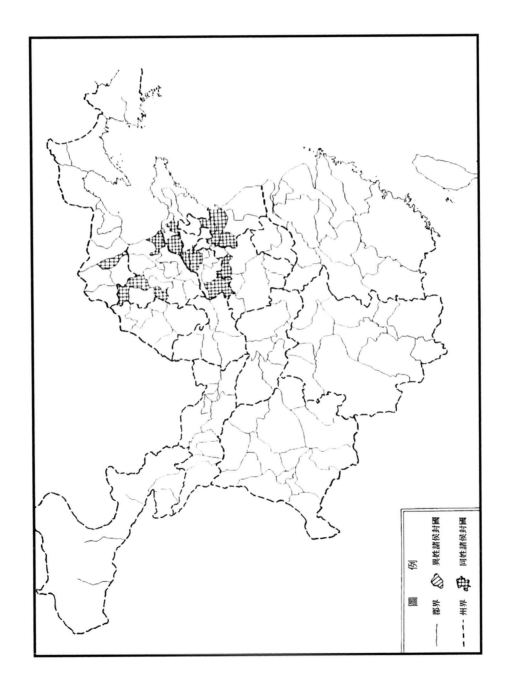

72. 曹魏咸熙元年（西元 264 年）郡級封地分佈全圖

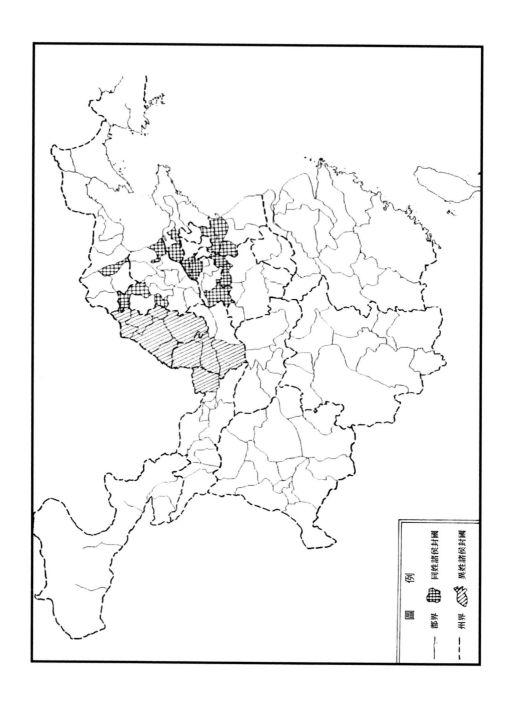

73. 西晉泰始年間（西元 265-274 年）郡級封地分佈全圖

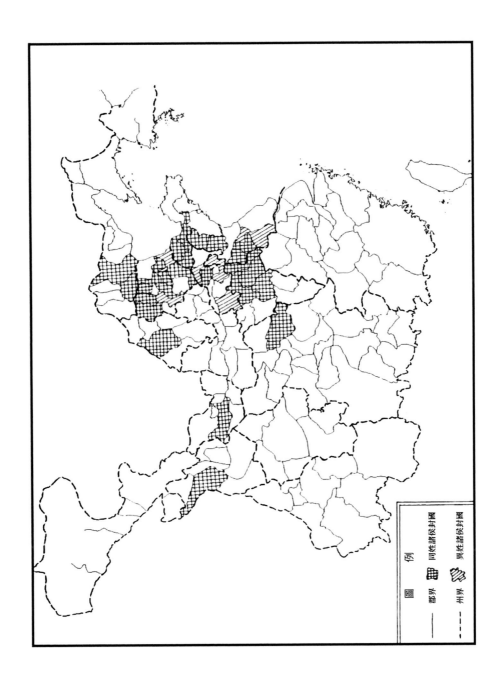

74. 西晉太康年間（西元 280-289 年）郡級封地分佈全圖

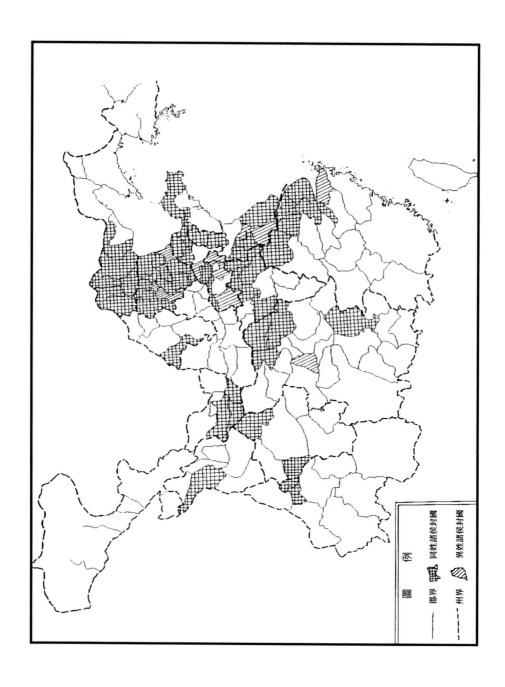

75. 西晉永康元年至建興四年（西元 299-316 年）郡級封地分佈全圖

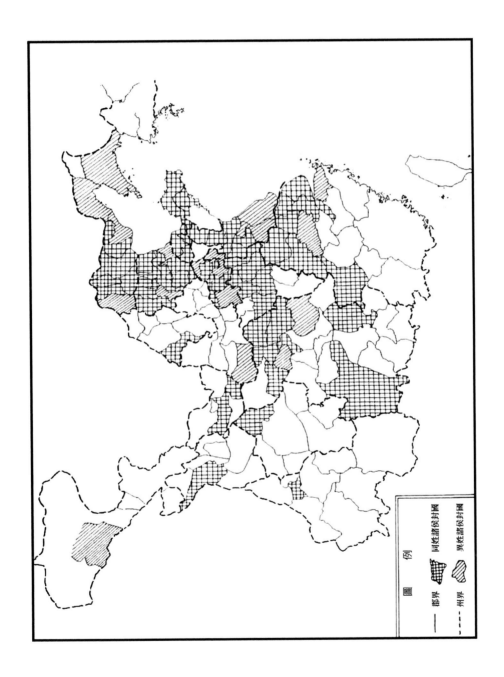